U0506478

道

商

老

子

经 典 新 读

企业家必读的《老子》译解

◎ 刘克苏 著

上海古籍出版社

图书在版编目（CIP）数据

老子商道：企业家必读的《老子》译解 / 刘克苏著
. —上海：上海古籍出版社，2019.11
（经典新读）
ISBN 978-7-5325-9409-2

Ⅰ.①老⋯　Ⅱ.①刘⋯　Ⅲ.①《道德经》—应用—商
业经营　Ⅳ.① F715

中国版本图书馆 CIP 数据核字（2019）第 237976 号

经典新读
老子商道
—— 企业家必读的《老子》译解

刘克苏　著

出版发行　上海古籍出版社
地　　址　上海瑞金二路 272 号
邮政编码　200020
网　　址　www.guji.com.cn
E-mail　gujil@guji.com.cn
易文网网址　www.ewen.co
印　　刷　上海颛辉印刷有限公司印刷
开　　本　890×1240　1/32
印　　张　11.5
插　　页　2
字　　数　270,000
版　　次　2019 年 11 月第 1 版　2019 年 11 月第 1 次印刷
印　　数　1—5,100
书　　号　ISBN 978-7-5325-9409-2/G·719
定　　价　52.00 元

如有质量问题，请与承印公司联系

目录

§ 序言：老子老子老实孩子　老子老子老是孩子　　　　　1

§ 序言：老子老子老实孩子　　老子老子老是孩子

凡事都有门道。各有各的门道。门道之间，可以串串门。

见了儒商，又见道商，然后见禅商。

一路串门，讨口饭吃。这是一门职业，也算一个门道吧。

见了儒商，我们拱手抱拳：在下有礼了。然后儒商回礼：岂敢岂敢！请进！请坐！请喝茶！请用膳！然后我们回礼：哎呀先生太客气太客气了。如是三番五次你推我让，最后看火候已到，只好恭敬不如从命了。席间不忘请教《论语》某篇某章，但一定遵循孔夫子教导，"多闻阙疑"［本书凡是引用《论语》，都用"（2.18）"这种方式，表示引用了《论语》的第某篇第某章，比如"（2.18）"表示引用了《论语》第二篇第十八章。篇章的编排，采用笔者《创业：向论语学什么》(吉林出版集团 2010 年版) 一书的编排次序]，留下一些不懂的问题，下次登门拜访继续请教。到儒商府上混口饭吃，用这一招。一定要把儒商吃空才罢手。

但是有一天踱到儒商大家子贡那里，这一招不灵了。拱手十次，大拜百回，最后还是饿着肚子回来，开始反省儒商的门道究竟在哪里，开始重新翻《论语》，摇头晃脑拉长声音反复朗诵——宰我问曰："仁者，虽告之曰：'井有仁焉'。其从之也？"子曰："何为其然也？君子可逝也，不可陷也；可欺也，不可罔也。"(6.25)

你告诉我说"好好先生啊，井里头有人掉进去了"，我就扑通跳下去救人吗？不会的。大丈夫舍己救人，没问题；让我掉进你的陷阱，不会的。骗骗我，可以，那是你的事；我上不上当，那是我的事。

谁是儒商？看来是个问题。

谁是道商？也是一个问题。

老子算不算道商？不管三七二十一，我们先把他老人家算上。否则我们这本《老子·道商》就"不可道"了。这个先不讨论了。道商，可道商，非常道商，他老人家的真面目，我们道不出来。我们道得出来的，就是这些文字。

儒商的文本资本是《论语》，道商的文本资本是《老子》[本书采用的《老子》，主要依据《二十二子》(上海古籍出版社 1985 年影印版)。参考马王堆汉墓帛书《老子》乙本]，禅商的文本资本是《金刚经》。这事儿就这么定了。资本也是字本文本，字本文本也是资本。

经商的目的是什么？赚钱。赚钱为了什么？生活。什么叫生活？身体好，心情好。身体不好，心情不好，那不是人过的日子。如何才能身体好，心情好？道法自然。赚钱买得来道法自然吗？忽闻有声音说：小子，休得胡说！遍地黄金不卖道。

看来，经商的目的是赚钱，这还是普通的商人，恐怕不是道商。道商的目的是什么？可以先读《道德经》，背《老子》，或许能有所领悟。有所领悟后，修得一点道行，可能就有点消息了。"惚兮恍兮，其中有象；恍兮惚兮，其中有物；窈兮冥兮，其中有精；其精甚真，其中有信。"（二十一章）

短信也是信。

一天接到大多的短信，说是他哥哥老多去世了。三十五岁，肺癌，英年早逝，留下数百亿资产，换不来一条性命。唉，不要这样拼命啊不要这样拼命啊，大多经常这样劝老多，老多就是不听。也是，大多穷兮兮的，老多那么有钱，经常接济弟弟大多，怎么听得进去呢？唉，大多只好叹息，老多的钱他也从来不要。这年的世界道商大会，大多老多都不能出席了。老多去世了，大多要理丧，世界道商大会少了两名忠实的听众。他们想当世界道商俱乐部会员，这年仍然没戏。从前得到的答复是：你们哥俩一个太富，一个太穷。哥俩一听就是玩笑话。"道可道，非常道。"（一·章）这句经文他们还是熟悉的。都怪自己道行不足，《老子》没有读熟，没有悟通。想到这里，大多看了一眼桌上的线装《老子》，半天没有眨眼。后来听人说大多悟道了，做了世界道商俱乐部常务秘书，还主持了一次"全球企业身体健康"主题研修会，不知真假如何。后来又听说他去了一个什么仙人洞，说是功夫怎生了得，说是多少多少富商巨贾都到那里取经。好久没有他的消息了。大多，身体可好？心情好吗？

其实，大多是个老实孩子。

老子老子，老老实实的孩子。

"复归于婴儿。"（二十八章）

老实人永远长不大。

大多一副永远长不大的样子。

种瓜得瓜，种豆得豆，多么老实，多么自然。

老实人永远不吃亏。说老实人吃亏，这话就不老实。

天地自然永远不吃亏，永远种瓜得瓜，种豆得豆。

也永远不赚。种瓜得瓜，种豆得豆，那不叫赚。那是自己本有的东西，老实人本来的富足，不必故意去占有它，任他是谁也拿不走。老实人知足，知道自己本来富足。一个原子要是不知足，就跑到外面开发能源去了。老老实实的爱因斯坦写下老老实实的能源公式之后，原子就回转来开发自己了。爱因斯坦是个老实孩子，七八岁了，说话还不大利索。一头白发了，眼睛还像孩子那样，一脸的天真。爱因斯坦的物理之道，老子的自然之道，都是老实孩子的，道。

道可道，非常道（一章）。$E = mc^2$。

诶，大多，多大啦？

第一章

道可道，非常道。名可名，非常名。无名，天地之始；有名，万物之母。故常无欲，以观其妙；常有欲，以观其徼_窍（qiào）。此两者，同出而异名，同谓之玄。玄之又玄，众妙之门。

| 试译 |

道，可以道得出来的，不是永久的道；名，可以叫得出名的，不是永久的名。无名，开天辟地；有名，创造万物。所以，要经常无求无欲，去看它的妙；经常有求有欲，去看它的窍。这两种观察本来一体、一同产生，只是名称不同，都很玄。玄而又玄，藏着一切奥妙的门道。

▲章:《老子》每一章都是一掌。道商鼻祖老子的秘传套路,共有九九八十一掌,名叫《老子八十一掌》,《道商八十一掌》,掌掌都是生意,不在于文字,在于功夫,在于修炼。九九八十一,所以《老子》也叫《九转玄功》。在道商界,老子就叫老总。老子写的《老子》五千言,后来尊称为《道德经》,道商们则尊称它为《道商经》。

▲道:路,说,道理,规律。

▲非:不是。

▲常(道/名):恒常恒久的。

▲名:取名,说出,取名为,形容,名称。有人说,名就是占有。取个名,就占有了。名就是实。名叫"尖阁诸岛"?还是钓鱼岛?有领土占有的意思。名不正则言不顺。正名是实的,假名是虚的。上帝说要有光就有了光。"光"这个名在上帝那里是实的,非常名。上帝还吩咐亚当给夏娃取名,给万物取名,起名是男人的工作。有名,万物之始啊,创世纪。物呼唤名,名呼唤物,呼来唤去,一呼百应;名为实物,实物为名;名是实物,实物是名;名外无物,物外无名。

▲无:繁体为無,无的本义是舞。长吁短叹还不够,就跳起舞来,感情宣泄达到极致。曾经沧海难为水。跳过舞了,再跟我谈人生,不上当了,不迷惑了。无,舞,無。极端的有,大有,就是无。

▲始:创始(者),父母。

▲有：不该有的有了，叫作有。古人称为"不宜之有"。很妙。说的是日月之食，不该有的天象。有字下面有个"月"，月食日，所谓"日，月有食之"，月亮把日头吃了，这不好。手里拿着肉，也是"有"，上面是"手"，下面是"肉"，这一回不是"月"了。有，有什么？有月亮？有肉？随你怎么理解。等于没有。这就是有。

▲母：父母，创造者。万物是名创造出来的。名正则言顺，名正则物正，名出则物出。求名即求实，图名即图实，徒有虚名即徒有虚物。

▲以：借以，依靠，用来。

▲其：它的，"道"的。

▲妙：微妙，奥妙，奇妙，玄妙。

▲徼：李涵虚说"徼同窍"；一说是"皦"，同"皎"，白净，明亮，与奥妙难察的"妙"相对；一说是"边际"，万物一一有边有际，可以一一取名，观察，形容，而万物总体无边无际，难以穷究，同归玄妙。

▲两者："常有欲……"和"常无欲……"两句。

▲同出：一体同生，即"天下万物生于有，有生于无"（四十章）；也即相互产生，即"有无相生"（二章）。

▲异名：名称不同。

▲玄：不可思议，神妙难测；修道的"玄关""玄窍"。玄关开了，就是玄窍。玄关玄窍无在无不在，不一定只在下丹田，或中丹田，或上丹田，或印堂，或海底，或肚脐，或手心等等。

古文，断句是第一步。参考马王堆汉墓帛书《老子》乙本（简称"乙本"）来断句，有好处。江正杰先生指出："也"字最好帮助断句。

比如"道可道非常道"怎么断句？有很多种。但根据乙本，文句为"道可道也非恒道也"，就可以在"也"字处断一下，断成"道可道，非常道"，或者"道，可道，非常道"，等等。"名可名非常名"也一样。

"无名天地之始有名万物之母"怎么断句？可以断成"无，名天地之始；有，名万物之母"。也可以断成"无名，天地之始……"这里乙本帮不上忙。但是乙本可以帮忙下两句"故常无欲以观其妙……"，因为乙本是："故恒无欲也以观其妙恒有欲也以观其所嗷（窍）。"所以我们断成："故常无欲，以观其妙；常有欲，以观其窍。"只是这里乙本有个"所"，有个"嗷"，我们就不用了。我们采用李涵虚的解，"所"字没有，最后不是"嗷"而是"徼"，而徼就是"窍"。为什么选择李涵虚的解？因为道家的东西，功夫是基础。功夫不到，文字不懂。李涵虚（1806—1856）是有功夫的，他的解更加可信。这位四川乐山人氏、道教西派创始人，据传在清代咸丰年间得道。中国人民大学历史系的徐兆仁先生将李涵虚的修行理论和方法集成一本书，名叫《涵虚密旨》，列在《东方修道文库》中，由中国人民大学1990年出版。

♪商道，可以说出来的，不是永恒不变的商道；商名，可以叫出来的，不是万寿无疆的商名。无商名，是绝代商神横空出世；有商名，是无量财宝滚滚而来。所以，要经常不想发财，去观察商道的奥妙；要经常想发大财，去观察商道的诀窍。这两种观想，同时从商道产生，只是名称不同，都玄得很。玄而又玄，商道的一切奥妙全在里头。

在商言商。商人眼里，道就是商道，一切道都是商道。商道无所不在无所不通，否则不叫商道。一个不经商的对商人说："老板，我这里没有商道，我一毛不拔，你请回吧，这里没你的生意做。"老板一听乐了："哈哈，生意成了。一毛不拔，好生意经啊。王秘书快快记下，回公司策划一些辩论赛，看看一毛不拔的生意经能不能落实。"王秘书回去，搞了一个四方循环辩论赛系列，足足搞了一年多。每家分公司每个部门每个员工都从一毛不拔开始设计如何创造财富，结果出了好些个绝妙创意，业绩奇迹般发展。一毛不拔，无本万利，零成本，无中生有，虚心养神，凭空养出这种绝代商神，这是道家的专业。

♪道商，可道商，非常道商；名商，可名商，非常名商。商无名，商圣商神之始；商有名，无量品牌之母。故常无生意心，以观生意妙；常有生意心，以观生意窍。此两者，同出而异名，同谓之玄。玄之又玄，道商众妙之门。

不多是大多的妹妹，素来对老多、大多二位老兄的生意经看不上。老多大多看什么都是生意，结果呢，老多赚了大钱送了命，大多折了老本吊了一线命。虽说据传大多是在命如悬丝的时候悟了道，悟了商道，身体好心情也好，世界道商俱乐部延请他做了常务秘书，不多却始终不上道，不上大多的道。不多是音乐人，她翻开《老子》第一章，脱口而出唱成这样——

♪乐可乐，非常乐；调可调，非常调。无调，天籁之始；有调，万音之母。故常无乐感以闻其妙，常有乐感以闻其叫。此两者，同出而异调，同谓之舞。舞之又舞，绝妙之池。

不多边弹边唱，唱到这里，不禁心花怒放，翩然起舞。山河大地，一时天籁齐鸣。

不多这首歌，后来被世界道商俱乐部命名为《非常乐》，定为俱乐部部歌，不多也不反对，但是协议她不签。不多满身是耳，听什么都是音乐；满身是嘴，开口就是歌曲；满身是手，做什么都是演奏；满身是腿，动步就是舞蹈。所以她每到一个地方，那个地方就人声鼎沸，生意红火。由于她满身是耳，粉丝们送她几个雅号：当代聂耳，聂耳再来，聂耳王二世。还有一个昵称：聂耳妹妹。简称耳妹、聂妹。

太多说："其实聂妹是个很安静的人。"太多是不多的妹妹，她也跟着大家称姐姐为聂妹。名可名，非常名，"聂妹"也只是叫出来的一个名称而已。明白了这个，心就安静了，极悲极乐都受得了。极悲极乐多乎哉？不多不多。多乎哉？不多也。全力以赴地投入，极尽喜怒哀乐；毫不费力地脱出，天下本来无事。这就是不多。不多的本领多乎哉？不多不多。多乎哉？不多也。

♪商道，商可道，商非常道；商名，商可名，商非常名。无商名，商界商业之始，有商名，一切商品之母。故常无财欲，以观商妙；常有财欲，以观商窍。此两者，同出而异名，同谓之玄。玄之又玄，商道众妙之门。

♫第二章

天下皆知美之为美，斯恶已。皆知善之为善，斯不善已。故有无相生，难易相成，长短相较，高下相倾，音声相和（hè），前后相随。是以圣人处无为之事，行不言之教，万物作焉而不辞，生而不有，为而不恃，功成而弗居。夫唯弗居，是以不去。

| 试译 |

天下都知道美的是美的，丑的就出来了。都知道好的是好的，不好的就出来了。所以，有和无相互产生，难和易相互促成，长和短相互比较，高和下相互依存，音和声相互应和，前和后相互跟随。所以圣人做无为的事情，搞沉默的教化，繁衍万物而不争辩，创造而不占有，进取而不逞能，成事而不居功。正因为不居功，所以功不离身。

▲天下：古代指四海之内，全中国。

▲之为：之所以成为某某所带来的好处，所依凭的根据，之所以称为某某的理由、原因。这都是带着功利心看待真善美：做好事有好报，那我就作好事，否则做它干嘛？可惜红颜命薄，美人迟暮，高处不胜寒，木秀于林啊。

▲斯：则，就。

▲已：矣；如果把"已"解释为"停止"，意义就变了，和下文不大合拍。

▲相生：相互产生，相互克服。

▲相成：相互促成，相互捣毁。

▲相较：又作"相形"，指相互比较而见长短，相互较量而对换长短。

▲相倾：互相比对较量而见高下，互相旋转倾轧而轮换高下；"是以圣人欲上民，必以言下之"（六十六章）；"强大处下，柔弱处上"（七十六章）；"天之道，其犹张弓欤？高者抑之，下者举之；有余者损之，不足者补之。天之道，损有余而补不足。人之道则不然，损不足以奉有余"（七十七章）；又乙本此处为"高下之相盈也"，意为高下因虚盈而变化，"高必以下为基"（三十九章）。

▲音、声：《礼记·乐记》说："凡音之起，由人心生也。人心之动，物使之然也。感于物而动，故形于声。声相应，故生变，变成方谓之音。"又说："凡音者，生人心者也。情动于中，故形于声；声成文，谓之音。"可见是由一个一个"声"相互呼应、和谐变化而生成"音"。

▲相和（hè）：一唱一和，相互应和，音靠声而形成，声依音而动人，音和

声相互和谐，而形成音乐。

▲前后：时空、性质等等排列的先后。

▲相随：互相跟随而起而灭。

▲万物：万事万物。

▲作：造作，兴起，繁衍。

▲辞：讼，争讼，诉讼。

▲恃：依仗，仗恃。

▲为而不恃：做事而不自以为有本事有能耐，不恃才傲物，不逞强称能。

▲弗：不。

▲是以：所以，因此。

▲去：离去，离开，消失。

| 体会 |

／

商人眼里嘴里，看的说的都是生意经。不管有没有生意经的名称，因为这有无、动静、高下、美丑、善恶、前后、长短、音声等等都是"同出而异名"的，都是"玄之又玄"的生意经。比如这《老子》第二章，经大多这位道商一读，就读成了这样——

♪天下都知道名牌是名牌，冒牌就出来了；都知道精品是精品，烂货就出来了。所以盈利业务和亏本业务相生相克，高难工艺和简易工艺相成相毁，长线项目和短线项目相应相左，高端产品和低端产品相依相冲，独家店铺和连锁店铺相通相分，朝阳产业和夕阳产业相争相随。所以商圣的经营不贪求盈利，培育市场和员工都不靠说教，让财源滚滚奔腾不息，全力创造而不求占有，只问耕耘不问收获，发了大财却并不看作是自己的能耐。正因为不看作自己的能耐，所以核心能力永远不会失去。

太多听大多这么一读，发了感慨，说：我有一个企业家朋友，就是这样。生意做那么大，从来不看成自己的能耐。和他一起做生意的，也有一些大家，能力很大，他们也自认为核心能力很足。核心能力是什么呢？就是看家本领。靠它发家，但是我有人家没有，人家还不容易模仿我。只有我有，人家还学不来，是个绝招，这个通常叫作核心能力。是的，很多企业就靠这个起家，靠这个做大，做久。但是这种胸襟，在老子面前，还是显得小，还是个小子。老子是培养小子的，希望小子长成老子。怎么培养呢？就是不把自己看作老子，而把别人看作老子，别人培养自己。自己才是小子。我事业成就了，是别人的功劳，是小子我跟别人学的，我自己没什么能耐，大家帮我成就，帮我成长。你说核心能力啊，学不来的啊，小子我还是要学。学不来是因为心不诚，是认为自己有能耐，至少还有一些能耐。

有时候看起来好像自己很自卑，就是学不来啊，其实傲气在心里，自己都发现不了。所以要彻底放下，站到最低洼的地方，损之又损，最后没有退路，没有可损的，别人的本领就像潮水一般自动涌来，涌进来，拦都拦不住。百川归海就是这种气势，大势至菩萨来了，挡不住。为什么挡不住？开初我也不大懂。比如绝招，人家无论如何不会教你。你说你站在最低处，等着潮水涌来。人家在他那边筑上大坝，不让流过来。可是海生说，也就是我那位企业家朋友说，"人家不教，这就是教啊。还要人家怎么教？人家的绝招就是自力更生，他教会我这个，最有用。我如何自力更生呢？我发现，还是挖坑，挖太平洋那么大个坑。人家围坝，是因为雨水少。都流走了，人家喝什么？遇上长久的暴雨，洪水大的生意接不过来，他池子里的水不往外冒？肯定往外冒。否则岂不是找死。吃了几回亏，有经验了，筑坝的时候，注意留下泄洪的口子，不能只进不出，只吃不拉，那会胀死。单子多得接不过来，得罪客户，那可不得了，成功者失败之母。

这样教训一两回，绝招自动贡献出来：免费教你怎么做怎么做，拜托拜托，我们共同接下这批单子，求求你了。那时候他会主动求你，不但不要你学费，反而会免费教你，甚至送钱让你学。如果不是这样，单子比较少，那就不是什么绝招。是故弄玄虚，唬人的。单子多，多得接不过来，才可能和绝招靠谱。单子多的时候你说自己笨学不会，他会急死，会挖空心思让你尽快学会。否则的话，绝招岂不是成了自绝之招啊？就我自己一个人会，好是好，但一旦出了问题，也就只有自己一个人着急，谁也救不了我。成也绝招，败也绝招，故有无相生、难易相成、利弊相随、人我相依……否则，成功了是自己的能耐，失败了肯定是别人的错，生气。一生气，生意就走了，自己的能耐也没了，核心能力没有核，也没有心了。"听了海生一席话我就想，人家学不会的，肯定做不大。就自己会，人家学不会，孤家寡人，怎么做大？做不大，叫什么核心能力？海生实业长久雄踞世界五百强前几名，是有道理的。

♪天下都知道乐音是乐音，噪音就响了。都知道雅乐是雅乐，俗乐就火了。所以欢歌悲歌相互生成，古谱简谱相得益彰，长吁短叹此起彼伏，高调低调相互配合，音符旋律相互应和，前景背景相互烘托。所以乐圣不存心搞音乐，也不靠吹拉弹唱培养音乐人才，让无尽天籁自然流露、欲罢不能，扛鼎之作源源不绝却从未想到自己有作品，边走边唱歌迷成群却从不觉得自己嗓子好，歌泣天地曲惊鬼神却始终不上领奖台。正因为始终不上领奖台，歌王乐圣的口碑天天在流传。

不多的读法又不同。不多这样读：

♪天下都听得出什么是乐音，这乐音就吵翻天了。天下都听得出什么是雅乐，这雅乐就俗到家了。所以欢歌到顶就是悲歌，悲歌到底就是欢歌；古谱最时髦，简谱最古朴；长声稍纵即逝，短声绵绵不绝；高调充耳不闻，低调声声入耳；一音听出万音，万音听作一音；前景视而不见，背景历历在目。所以乐神是个聋子，从来没竖起耳朵听过音乐，也从来不啊耶啊耶蹦跶蹦跶传播音乐，天地万物相互弹奏弦歌不绝，从来不搞音乐会演唱会，不办音乐学院，没有音乐细胞，不培养音乐素质，无边天籁无所不在无所不歌无所不奏无所不闻，却从不知道什么是乐谱，什么是歌词，谁是作曲家，谁是演奏家歌唱家，谁是听众。正因为从不知道什么是乐谱，什么是歌词，谁是作曲家，谁是演奏家歌唱家，谁是听众，所以什么都是乐谱，什么都是歌词，谁都是作曲家，谁都是演奏家歌唱家，谁都是听众。

不多的一个知音名叫多来米，听到不多这样读《老子》第二章，会心一笑。旁边一个好像疯疯癫癫的歌迷似乎清醒了一点，忽然感叹道："是啊，多少坏事是因为想做好事而折腾出来的啊！追星追得我好苦啊，差一点要了我的小命啊……"这时候，一阵从未听过的神妙歌声骤然传来，那歌迷不觉浑身打了个寒噤，立刻跟着节拍哆嗦起来……

♫第三章

不尚贤，使民不争。不贵难得之货，使民不为盗。不见_观可欲，使民心不乱。是以圣人之治，虚其心，实其腹，弱其志，强其骨。常使民无知无欲，使夫智者不敢为也。为无为，则无不治。

| 试译 |

不刻意推崇贤人，使百姓不为了选贤人当贤人而争个死去活来。不看重稀有难得的财货，使百姓不偷不抢。不炫耀鼓吹功名利禄，使百姓不胡思乱想。所以圣人的治理，在于淡化人的贪心，结实人的体魄，弱化人的妄想，强健人的筋骨。使大家经常保持一种没有权谋没有贪欲的心态，使那些奸诈的人不敢轻举妄动。做事浑然天成，没有人工斧凿的痕迹，那就没有什么治理不好的。

▲不尚贤：不一味崇尚推举贤人；"是以圣人为而不恃，功成而不处，其不欲见贤"（七十七章）；"至德之世，不尚贤，不使能，上如标枝（树梢之枝，恬淡无为），民如野鹿（放达，自得）。端正而不知以为义，相爱而不知以为仁，实而不知以为忠，当而不知以为信，蠢动而相使不以为赐，是故行而无迹，事而无传。"（《庄子·天地》）"夫天地至神，而有尊卑先后之序，而况人道乎！宗庙尚亲，朝廷尚尊，乡党尚齿，行事尚贤，大道之序也。"（《庄子·天道》）

▲贵：标高价，特别看重。

▲见（xiàn）：现，炫耀，显露。

▲可欲：可以贪求的东西。

▲民：人。

▲盗：偷盗财物的人。

▲虚其心，实其腹，弱其志，强其骨：类似于《黄帝内经·素问·上古天真论》所说的"恬淡虚无，真气从之，精神内守，病安从来"，希望使人心淡化贪欲，借以启动自身生命元气充实体腹，弱化向外争斗之气（志），使精神内守天人合一的生命本元，回归身强骨壮、神清气爽、与天地同寿、与万物同流的真人状态。按宋末元初李道纯的《道德会元》，虚其心，是全性；实其腹，是全命；弱其志，是全神；强其骨，是全形。性命双修，神形兼备。

▲无知：没有小聪明，大智若愚；"同乎无知，其德不离。"（《庄子·马蹄》）

▲无欲：没有非分之想，"同乎无欲，是谓素朴。素朴而民性得矣。"（《庄

子·马蹄》）"古之畜天下者，无欲而天下足。"（《庄子·天地》）

▲智者：耍聪明、玩权术、炫耀才华的人。

▲为无为：致力于无为；"无为而万物化，渊静而百姓定。"（《庄子·天地》）

| 体会 |

／

不多对这一"掌"体会很深。"这一掌"，不多说道，"大家看得出，其实就是无掌，不出手，不跟你比。孔子说'君子周而不比，小人比而不周'（2.14）。比的话，就是外面总有东西和我们对着干。咱们不比，外面没东西了，比什么？周全了，还比什么？有贤，就有不肖。有商界精英，就有账房胡徒。有比登天还难得的钻石，就有天王钻石级大盗。"太多听到这里，提醒说："诶，跑调了，你可是搞音乐的啊。"

不多笑了："搞音乐的？谁封的？噢，好吧，就算是吧。那我不能弹生意，是吗？只能弹琴，是吗？不能做音乐生意，是吗？那好，我弹琴。但是，弹琴也不必一定要选拔一级琴师、特级琴师啊。这样的话，弹琴的就不去争这些个职称了。不争音乐职称，就会全心全意搞音乐了。也不要搞什么乐坛大奖赛，音乐人都不争奖项，乐心不乱。所以乐坛大圣治理乐坛啊，就是让大家忘掉音乐专业，肚子里全是音乐；淡化专业取向，全身筋骨都是弹琴的好手，用嘴弹，用脚趾弹，用牙齿弹，用肚皮弹，用风云雷电弹，用什么都可以弹。让音乐人忘掉一切的音乐知识，也没有搞音乐的想法。这样一来那些个音乐才子就不敢自称乐师了。音乐人不搞音乐，一切音乐就都演奏了。"

♪不评选歌星琴师，使音乐人不争名夺利。不推崇稀世乐器，使发烧友不偷不抢。不搔首弄姿嗲声嗲气，使观众心境不乱。所以乐圣搞音乐熏陶，是让大家虚怀若谷、体力充沛、清心寡欲、筋骨强壮。让大家经常有一种不在意苦乐、不寻求刺激的平常心，使那些玩技巧的不敢卖弄。一旦演奏起那无需演奏的天籁，就没有什么不能演奏的了。

♫第四章

道冲，而用之或不盈。渊兮，似万物之宗。挫其锐，解其纷，和其光，同其尘。湛兮，似或存。吾不知谁之子，象帝之先。

| 试译 |

大道冲虚融和，妙用无穷而从不满足。真是博大精深啊，好像万物的老家。收敛锋芒，化解矛盾，韬光养晦，共同生活。真是清澈深沉啊！似乎又有点什么。我不知道它是谁生的，倒像是天帝的老祖宗呢。

| 试注 |

▲冲：冲融（融和充实）；冲和（谦虚和平）；冲虚（淡泊虚静）；"大盈若冲，

其用不穷”(四十五章)。

▲或：两个“或”都是“又”的意思；“或”通有，有通又。

▲渊：博大精深。

▲宗：祖宗，归宗。

▲挫：收缩，摧伏。

▲其：可以指“道”本身的，也可以指万物的、人类的、众生的，更可以同指所有这些；下三个“其”字同此。

▲锐：锋芒。

▲解：化解，解脱。

▲纷：纷争，纷乱。

▲和其光：柔和其光辉，祥和其光芒，所谓“光而不耀”(五十八章)，明亮而不刺眼，甚至韬光养晦，与物同光。

▲同其尘：尘是尘世，红尘，日常生活。“圣人无常心，以百姓心为心”(四十九章)，是圣人与百姓同尘。“无有入无间”(四十三章)，是圣人与万物同尘。

▲湛：清澈深沉。

▲象：好像。

▲帝：天帝。

▲先：祖先。

耶商读《圣经》。

基督教的资本主义精神，出自《圣经》。《圣经》先是《旧约》。《旧约》开卷第一篇，就是《创世记》。创业创业，上帝的创业，是耶商第一课。

首先读《创世记》——

起初，神创造天地。第一天造光，分出昼夜。第二天造空气，造天。第三天造植物，造各类草木蔬菜。第四天造日月星辰。第五天造动物，造各类飞禽走兽爬虫游鱼。第六天造人，造亚当夏娃。第七天歇工。上帝的创业完成了。

中国人可能爱问：上帝是谁创造的呢？

譬如老子，这里就说：我不知道是谁的儿子，倒像是上帝的祖先呢！

中国古代的帝、天帝、上帝，这些词，被后人用来翻译基督教的 God 了。很多人说，其实中国古人说的天帝上帝，和基督教的 God 不是一回事。究竟如何不是一回事？差别可能很多。比如这里，老子就说：谁生的啊？为什么像是上帝的老爸啊？

这就是一个差别。而且是顶顶重要的一个差别，是一切差别的总统。

对于这个问题，不多的评论是——

> 耶商的创业，有头有尾；
>
> 道商的创业，无始无终。

大多反驳说——

　　无始无终，就说不清道不明了。创业创业，就是开创开拓一番事业。开创开拓，总有个开头。说无始无终，开口就错了嘛。

不多也不在意，说——

　　孔子去拜访老子，回来跟弟子惊叹说：哎呀今天我是见到龙了吧？龙头在哪里，尾巴在何处，都没有见到啊！

儒商见道商。

♫第五章

天地不仁，以万物为刍狗；圣人不仁，以百姓为刍狗。天地之间，其犹橐龠（tuó yuè）乎？虚而不屈，动而愈出。多言数穷，不如守中。

| 试译 |

天地不标榜仁慈，把万物当作草狗。圣人不刻意仁爱，把百姓当作草狗。天地间的一切，不就像在风箱中似的一进一出、川流不息吗？天地这个大风箱里头虽然空虚，可这空虚却不听任谁的摆布，而是自行其是，越鼓秋越出东西。因此在自然大道面前，不要多说什么，说多了伤中气，气数容易耗尽，不如遵守中道为好。

▲不仁：不以仁爱自许，不偏爱谁，但是"天道无亲，常与善人"（七十九章）；"利泽施乎万世，不为爱人。……有亲，非仁也。"（《庄子·大宗师》）

▲刍狗：刍是草，刍狗是草狗，草做的狗，用于祭祀求福，用过后就丢到一边。

▲之间：之中的（万物），里面的（东西）。

▲其：它。

▲橐龠（tuó yuè）：风箱。

▲屈：屈服，屈亏，穷屈。

▲数：气数，命运。"数"如果读 shuò，则是屡次、多次的意思。

▲穷：山穷水尽，走投无路。

▲守：遵行，守护，养护，观照。

▲中：不偏不倚的中道。

| **体会** |

/

多言数穷。说几句才算多言？有人本来话就少，张口就遭人痛斥："不要多嘴！"他觉得冤啊，久而久之更加不敢说了，但是看到别人你一言我一语的很投机，就感到委屈："我多嘴了吗？我多嘴了吗？只许州官放火不许百姓点灯吗？"不服，但只敢在肚皮里不服。还有，佛经浩如烟海，可谓多乎？仅仅《华严经》的恒本，就前不见开头，后不见煞尾，无穷无尽，可谓多乎？然而世尊说法一辈子，口若恒河，滔滔不绝，最后临涅槃时说了一句："我说法四十年，不曾说一个字。"还有人读《老子》，读得很舒服，不想忽然读到"多言数穷不如守中"，为难了，又不敢问，心想：一问就是言啊，不如守中不如守中。读到"知者不言言者不知"（五十六章），又疑惑了：你老子不也写了这五千言吗？说这么多干吗？不是自打嘴巴吗？"言者不知知者默，此言吾闻于老君。若道老君是知者，缘何自著五千文。"（白居易《读老子》）不读了。于是一位朋友出来圆场，说："不要急不要急嘛，名可名非常名嘛，你说了也白说嘛。"这么一调侃，当下悟了。悟了个什么，这位打圆场的朋友也搞不懂："他悟了吗？乖乖。我是老子的爸爸啊我有这本事？能让他悟道？"心中有点窃喜，有点惶惑。广告词一个字都想不起来了，让"多言数穷"四个字广告完了。道商啊道商，不吹他几句，谁来买你的道呢？"千两黄金不卖道"，那你道商做的哪门子生意呢？

第六章

谷神不死，是谓玄牝。玄牝之门，是谓天地根。绵绵若存，用之不勤。

| 试译 |

空谷很神妙的，生生不息，死不了，叫作"玄牝"。玄牝这个大生门，叫作"天地根本"。要绵绵不绝地照应它，顺应它，若有若无，好像有那么回事，不要中断了，也不要太刻意。

| 试注 |

▲谷神：山谷因其空阔、卑下，而有灵用——"旷兮其若谷"（十五章），"谷得一以盈"（三十九章），有如虚空"虚而不屈，动而愈出"（五章）而永不衰竭，"上

德若谷，广德若不足"(四十一章)，"江海所以能为百谷王者，以其善下之，故能为百谷王"(六十六章)，这个谷神、百谷王将深谷神用发挥到极至，叫作玄牝。

▲玄牝：玄是神妙难测，牝是母性，生生不息；道家也将玄牝称为"海眼"，说是在地球北极处，人身"会阴"处（一个穴位，在前后阴之间，即外生殖器和肛门之间。见南怀瑾《老子他说》）。

▲之（门）：这个（大生门）。

▲天地：天地万物，人与众生。

▲勤：辛苦，繁多。

| 体会 |

道商的心态，公司治理的节奏，运气的方式，都在谷神两字，也即玄牝一窍。玄之又玄、众妙之门，一切精品的制作，都从这里出来。

但是这个玄牝一窍，虽然要守，不能不守，又不能死守，也不能半守半不守。把柴火备足，气流贯通。空气通畅了，有一点点火苗，就会充分燃烧。充分燃烧与否，是看冒不冒烟。冒烟，是燃烧不充分。不冒烟，是燃烧充分。只要保证燃烧充分，然后根据需要适时添柴，绵绵若存，不要熄火，也不要火气太旺。道商个人有这样好的心态，整个公司的精气神就足了。

那些不烧柴火的公司，如何鉴别他们的心态呢？他们不烧柴火，也就不冒烟了。

不——大多在《管理日记》中写道——不烧柴火的公司，也可能冒烟。柴火就是资源。任何公司都有资源。资源充分利用，物尽其用，人尽其才，就不冒烟。冒烟是因为不通气。通气，就是通话，通信，通电，通水，通风，通航，通车，通商，通货，通融，通用，通心，就是通今博古，通情达理，通盘考量，通力合作，就是通明透亮，通达无碍；就是沟通，交通，流通，汇通，心通，神通。这些环节上出现堵塞，就会冒烟。冒烟，就是斗嘴，憋气，发火，烦恼，就是忧心忡忡，疑心重重。用这个标准来衡量，几乎家家公司都冒烟。道商的商道，标准真是高啊。把公司办得不冒烟，那真是一流，高不可及啊。第一就是空，第二就是灵。空是谷，灵是神。谷神不死，自然神灵，这就是玄牝。一个玄牝，不是两个。空就是灵，谷就是神。一般的公司都希望神，神通广大。但是不能空。所以难免空想一通，空忙一场。

♫ 第七章

天长地久。天地所以能长且久者，以其不自生，故能长生。是以圣人后其身而身先，外其身而身存。非以其无私邪_耶? 故能成其私。

| 试译 |

天长地久。天地之所以能够又长又久，就因为它不为自己而生，因此能够长生。所以圣人总是享受在后，反而最先活出生命的意义；将生死置之度外，反而活得最充实。不就是因为他没有小心眼吗? 所以能够活出一个博大的真我。

▲以（其）：因为（它）。

▲自生：为自己而生。

▲后其身：自身的世俗享受总在别人后面。

▲身先：真正的生命价值首先成就；成为道德先锋，群众首领。

▲外其身：将生命置之度外。有了这一句，就明白《老子》第六十七章所谓"不敢为天下先"，不是胆子小，不是不敢冒险、不敢冒尖、不敢出头、不敢挺身而出。

▲身存：真正的生命得以延续。

▲无私：无小我。

▲邪（yé）：耶。语气词。

▲成其私：成就他的大我、真我、万物一体之我，做最好的自己，本来的自己。

| **体会** |

长寿公司的基本原理，在这一章。

一场金融危机，龙头企业老总纷纷落马。他们一夜的风光，刹那间消失了。

在总结教训的时候，一个声音说：企业伦理乱了，商人良心坏了。但是另一个声音却坚持：企业的天职就是赚钱，这没有什么不对。问题在于要有一个好的制度来限制恶性竞争。

什么是好的制度？答道：第一是透明。

透明——《大多笔记》写道——

这是最好不过了。把公司的账本完全公开，做得到做不到？做不到，这透明就是一句空话。在小的地方透明，大的地方不透明。大多集团，现在的账簿基本公开了，在企业内部企业外部，都公开了。挂在因特网上。人人可以看，可以检查。好多客户因此离开了，因为他们担心他们和大多集团的相关业务，也会因此而公诸于世，往后的生意是没法做了。但是不出半年，那留下来的几家关系户，就尝到了一点甜头。因为他们和大多集团的合同，绝对靠得住。这种信用无与伦比，几百亿的广告都做不来。那敢于试水的，一试，就再也放不下了。但是心存杂念的，还是不敢进来。所以，这是一块天然试金石。进来的都是一流企业。日子久了，也就成了最长寿的企业。健康的伦理，铸就了一流的制度，一流的企业。

一流，指的什么？

健康。

有的企业，几百亿几千亿，但是得了癌症，浮肿，糖尿病，高血压，天天打吊瓶。有的企业，只有几十万几百万几千万，但是健康。愿意做一只健康的小鸟呢？还是一条满身是病的恐龙？看起来这没有什么可问的。但是生活中，生意中，这个问题没有解决。我们还是先赚钱，再用钱抓名药请御医，再买顶级棺材，造一流坟墓，防一级盗墓贼。生意之道，可道，非常道。一个老总得癌症倒下去，千万个老总心肌梗塞站起来，颤颤巍巍，跌跌撞撞，一往无前，直奔不知什么地方。

私是什么？

公。

公开，公平，公正。三公合起来，就是私，就是财。

企业要想发财，发大财，发久财，发善财，发真财，发美财，发喜财，发安财，发实财，就只需一个公字。第一是公开，通明透亮，一步登天，走到广告的顶峰。都说做广告，没想到顶级广告就是一个字：公。就是两个字：公开。就是四个字：通明透亮。就是六个字：公开公平公正。

♫第八章

上善若水。水善利万物而不争，处众人之所恶（wù），故几（jī）于道。居善地，心善渊，与（yǔ）善仁，言善信，正_政善治，事善能，动善时。夫唯不争，故无尤。

| 试译 |

顶好的状态像水。水对天地万物都很好，不爱争高低，总是待在大家讨厌的地方，所以最靠近大道。住在低洼处，其实是大福地；心底没成见，空阔得像深渊；跟人关系好，仁义放在前面；说话很慎重，不说就有信用；自己先管好，天下也就顺了；办事有艺术，不靠个人能耐；顺势去行动，把握一个天时。就因为不爱争争斗斗，所以没什么麻烦。

试注

▲恶（wù）：厌恶。

▲几（jī）：接近。

▲居善地：水首先是善于选择众人讨厌的低洼之地当作福地安居，所以最高境界的水也能往上流，能上能下。

▲心善渊：心量深广，有如渊海，善于涵容万物而不自以为大。

▲与（yǔ）善仁：与人为善而不自以为德，滋养众生而不自以为功。

▲言善信：水平如镜，呈现万象，毫厘不爽，不言而信，所谓"善结无绳约而不可解""善言无瑕谪"（二十七章），"不言而善应"（七十三章），"信言不美，美言不信"（八十一章）；"信者吾信之，不信者吾亦信之，德信"（四十九章）；孔子说，"言必信，行必果，硁硁（kēng）然小人哉！抑亦可以为次矣"（13.20），这就不能算善信，只是死守"言而有信"罢了，只是信言，不能信道，不能言善信；要"当而不知以为信"（《庄子·天地》），才行。

▲正善治：水性无形，不拘一格；水流必平，不偏一隅；"其身正，不令而行"（13.6），叫作善治；水性喜疏不喜堵，大禹治水，疏导为主，叫作善治。正，就是政，正善治，政善治，政事办理得很好。

▲事善能：水能随方就圆，也能摧枯拉朽，至柔至刚，能屈能伸，不逞能，不惜能。

▲动善时：顺势而住时，静如止水；待机而动时，行如急流；不着一毫私利，尽得天时风流。

▲尤：怨尤，过失。

｜ 体会 ｜

最好的东西是水。

人体百分之八九十是水。

用水德治理公司的，越来越多了。

有家公司的老总，带领大家冲进世界五百强之后，在年终庆功会上，翻出《孔子家语》，叫员工都来学习。其中有一篇《三恕》，让企业学习部的学长译成了白话，是这样说的——

♪孔子游览鲁桓公庙，看到一个欹器。这个欹，读 qī，就是偏斜，歪斜；也读 yǐ，就是倚，依靠。孔子看到这个欹器，就问守庙人，说：这是什么器皿？

守庙的说：这该是座右铭之类的器皿吧。

孔子说：我听说啊，这座右铭，水空了就歪，水到中间就正了，水满之后就翻转来。明君拿它当作最高的警戒，所以经常放在自己的座位右边。

说着对身边弟子说：灌点水试试。

弟子灌了点水，欹器还是有点歪。灌到中间的时候，正了。刚一灌满，就翻转来了，里头的水倒得一干二净，自然又歪了。

孔子非常感慨，说：天哪！事情哪有满了不翻个的！

子路赶紧请教说：敢问老师，防止自满，有什么方法吗？

孔子说：聪明睿知，要守住愚钝；功盖天下，要守住退让；勇力过人，要守住胆怯；富有四海，要守住谦下。这就叫作"损了再损"的办法。

孔子又去看东流的河水。

子贡问道：君子每次遇到大河，一定要观赏，为什么呢？

孔子说：因为它奔流不息，而且滋养万物，一点都不动心，不费力，不贪功，好像大仁不仁；它流动起来，无论往下，还是拐弯，一定顺理成章，好像很随和；浩浩荡荡无穷无尽，好像有道行；一往无前，奔赴千山万壑，毫不畏惧，好像很勇猛；太满了就溢出来，一定自动找平，像是在执法；盛满的时候不用刮平，好像很公正；温柔体贴，无微不至，好像很细心；无论从哪里发源，一定东流而去，好像矢志不渝；流进流出，万物遇上它就洗刷得干干净净，好像很会教化。水有如此的美德，所以君子遇到水，一定会观赏的。

大家叹服水德，惊赞欹器。加上学长在讲解过程中，演示了一系列欹器幻灯片，播放了中央电视台《国宝档案·海外寻宝·欹器寻踪》，让大家大开眼界，萌发了很多点子。不想这个年终庆功会，逐步演变成了一个"看欹器，悟欹器"的年终专题学习活动。结果，这家公司在大家的建议下，创建了一家欹器制造分公司。公司业务如鱼得水，各类古典的新颖的大大小小的欹器花样百出，层出不穷。全球众多公司、学校、机关纷纷热购，作为警策，作为礼品，作为座右铭。

敧器公司的徽标，不用说，就是一个敧器，让人刮目相看。敧器公司的办公楼，也做成了各类敧器模样，成为当地文化旅游一景。敧器公司的设计师奇门说，联合国大厦预订的敧器，正在设计之中。这是和谐世界理念的一个标志性事件，公司将免费完成全部的设计、制作和终生保养保修工作。

♫第九章

持而盈之，不如其已。揣（zhuī）而棁_锐之，不可长保。金玉满堂，莫之能守。富贵而骄，自遗其咎。功遂身退，天之道。

│ 试译 │

端个盆子装满水，不如放下不端。刀口打磨太薄了，不会长久锋利。金银玉器塞满屋，没人能够守住。富贵之后摆架子，自己留下祸根。成功之后能谦让，才是天道。

│ 试注 │

▲持：把持，拿着。

▲盈：满。

▲已：放下，停下。

▲揣：捶击。

▲锐 (ruì)：通"锐"。

▲遗：留下。

▲咎：灾祸。

▲遂：成功。

| 体会 |

富不过三代，长寿企业少得可怜。练习这一掌，又是一套长寿功，童子长寿功。

对此，不多不以为然，大多据理力争。

不多举出一批数字：美国《财富》杂志 2009 年 7 月排出 2008 年的世界五百强名单，中国公司列入 43 家，其中大陆 34 家。美国为历年来最少，但继续领先，140 家。日本第二，68 家，不到美国一半。可是中国大陆主要是国企上榜，尤其是央企，民企新上榜的只有一家。而且中国大陆民企的寿命很短，上榜的也就更少了。

大多说：中国 2009 新上榜的 9 家公司，全部来自中国大陆，其中的确只有一家民企，江苏沙钢。但是 9 家全部来自中国大陆，说明全球经济重心东移中，大陆为先，尤其是 2008 年这次金融危机，拐点很明显。十年前，整个中国只有 8 家上榜，包括港台在内。34 减去 9，是 2008 年的大陆数字，2008 年中国大陆 25 家。整个中国，就是 43 减去 9，等于 34 家，是 2008 年上榜数字。中国 2009 年落榜 1 家，美国落榜 11 家，英国落榜 10 家，日本落榜 4 家，德国、韩国都落榜 3 家，法国落榜 2 家。

不多：但你要知道，中国企业平均寿命都很短。

大多：很多数字可比性不强，关键要看趋势，看内力，看潜力，看内在价值。但是这些很难数字化，也很难有共识，所以连风险投资都靠鼻子去嗅，不敢靠排名下赌注。关键是价值观不同，人家不跟你比。君子周而不比，你拿君子没办法。君子的幸福自己做主。人家设个套，哄我往里跳，这叫作排名。所以巴菲特不看排名，也不看股市波动行情。功夫老到，有一点老子的味道。中国企业刚刚起步，寿命短一些可以理解，而且很多现象用西方经济学西方管理学解释不了。比如你说中国企业不行，那为什么中国经济这么强劲有力呢？说不过去。用西方经济学解释中国经济，用西方管理学解释中国企业，有些地方说不通，解释不了。中国经济学界没有一个诺贝尔经济学奖，但是中国经济如此强有力地推进，那个诺贝尔奖如何解释呢？这不是说中国企业如何了不起。不是的。我也觉得中国企业要做的事情太多，缺点太多，其中一个缺点就是寿命短，要做的大事之一就是健康长寿。而且第一是健康，第二才是长寿。

不多：怎样才是健康呢？你刚才也引用人家的排名啊。

大多：端个盆子装满水，不如放下不端。排名就是一个水盆。我引用排名，但是我不端着。我是放下的。比如，老是盯着这个奖那个奖的，就不健康。老是盯着这个排名那个排名，就不健康。企业干什么的？和人一样，首先是要健康，心态健康，身体健康。一不图名二不图利，心态就健康了。五百强的排名，我是不大在乎的。只是因为你刚才说起，我就顺便说一下。所以我说可比性不强，作参考可以，作依据不可以。

不多：不图名不图利，那还叫企业吗？办企业，就是要名字叫得响，利润赚得多嘛。

大多：人也是一样。很多人说，一不图名二不图利，那还叫人吗？食色性也；饮食男女，人之大欲存焉——古人都说了。所以引经据典，图名贪利的，活得就累，容易得病。这图名贪利，本身就是心病。心病久了，就成了身病。老总和员工身心俱焚，这个企业就没救了。食色性也，饮食男女，其实不是叫我去贪名图利。我自己幸福不幸福都不知道，还要人家来评判，我这老总当的有点糊涂，这生意做的有点冤枉。这么人云亦云，我如何引领潮流嘛，怎么不被潮流卷走嘛。你看2008这金融海啸，卷走了多少人。但是还有好多人不醒悟，等着下一波海啸。金银玉器塞满屋，没人能够守住。富贵之后摆架子，自己留下祸根。危急时刻，通用汽车的老总还摆架子，坐豪华飞机去国会要钱。那个惨啊，最后还是得放下身段，谦虚谨慎。谦让是天道。不论中国外国，谦让都是天道。有人说，中国人太谦让了，所以不发展。这是不对的。美国通用汽车的老总不谦让，美国人就不答应。这是2008年金融危机期间发生的故事。

不多：你也是人云亦云吧？开口闭口老子，引经据典的。

大多：不是的。老子，孔子，是说出了我们的心里话。不是人云亦云，只是知音相遇，同心相应，同气相求罢了。只是产生了共鸣罢了。耶稣，西方人的偶像，就教导我们谦让。说西方人不讲谦让，可能有道理？但是，如果考虑到耶稣的教导，恐怕就不会这么想了。

♫第十章

载营魄抱一，能无离乎？专气致柔，能如婴儿乎？涤除玄览，能无疵乎？爱民治国，能无为乎？天门开阖，能为雌乎？明白四达，能无知_智乎？生之畜之，生而不有，为而不恃，长（zhǎng）而不宰，是谓玄德。

┃ 试译 ┃

让精气神抱成一团，能够互不分离吗？专心养气身心柔和，能够像个婴儿吗？洗尽铅华一览本色，能够毫无杂念吗？爱护百姓治理国家，能够自然无为吗？天门开合阳神出入，能够守住阴柔吗？心光大开四方明白，能够不要聪明吗？多多生育好好培养，尽心生养而不占有，多办实事而不夸耀，抚育成长而不掌控，这叫作玄德。

┃ 试注 ┃

／

▲载：装载。

▲营：精气。

▲魄：精神。

▲抱一：打成一片。

▲涤除：扫除杂念。

▲玄览：内观，反观内视。

▲天门：指人额头的中间，或指头顶百会穴（南怀瑾《老子他说》），或指人心。

▲雌：阴柔。

▲为雌：守住阴柔。有些本子写作"无雌"，指阳雄，"天门冲破，阳神出入，开阖自如，乃能无守雌之苦也。"（《涵虚秘旨》）

▲无知：大智若愚，譬如《老子》说"知不知，上也"（七十一章），知道自己有所不知，知道好像不知道，最好了。

▲长：抚育，使……成长；做长官，搞管理。

┃ 体会 ┃

／

玄德比较玄。我有大德、盛德，功勋卓著，声名显赫，这还不够，还要进一步积德，积玄德。玄德就不是固定的，说我有功名？那不一定，事情办成了，是大家的功劳，我没做什么，"为而不恃"。这就在积玄德了。子曰："孟之反不伐。奔而殿，将入门，策其马，曰：'非敢后也，马不进也。'"(6.14)孔子夸奖的这个孟之反，也在积玄德。因为打了败仗，大家撤退，孟之反撤在最后，这个是有功的。但是回到城门口前，他却一边打马一边说："不是我勇敢殿后，是这死马跑不动！"显得自己很胆小似的。因此孔子就说：孟之反不夸自己勇敢。有人说，"刘备的江山是哭出来的。"这也有道理。为什么？因为他是刘玄德嘛。没什么本事，本事都是诸葛亮的，赵子龙的，关云长的，大家的。所以刘玄德可以当大老板，只管哭。诸葛亮是总经理，事必躬亲，鞠躬尽瘁。

♫第十一章

三十辐共一毂，当其无，有车之用。埏（shān）埴以为器，当其无，有器之用。凿户牖以为室，当其无，有室之用。故有之以为利，无之以为用。

| 试译 |

三十根辐条插进车毂造出车子，那车上的空间，正是车子的用处。揉泥巴做器皿，器皿中留下的空间，正是器皿的用处。开门开窗造房子，那门窗房间留下的空间，正是房子的用处。因此说，有东西是好处，没东西是用处。

| 试注 |

▲辐：车轮的辐条，西安秦代兵马俑古墓发掘出来的战车，就是三十条

车辐。

▲毂（gǔ）：车轮中心的圆木，周围与车辐的一端相接，中心有圆孔，可以插轴。

▲共：集中在。

▲当：正在那地方，如当街，当院，当头。

▲埏（shān）：用水和（huó）土。

▲埴（zhí）：细腻的黄黏土。

▲户：门。

▲牖（yǒu）：窗。

| 体会 |

造车的看到这一掌，觉得老子是最伟大的造车师。陶瓷家看到这一掌，感到老子是最伟大的陶艺师。建筑师看到这一掌，认为老子是最伟大的建筑学家。企业家看到这一掌，一定认为老子是最伟大的企业家。为什么？至少，企业家寻找人才的时候，会注意这里的三种职业：造车术、陶艺术、建筑术职业。自然也将注意这里的三大人才：造车师、陶艺师、建筑师。当然这还是停留在术的层面。进入道的层面，就需要举一反三、三生万物，留心到最后一句：有之以为利，无之以为用。于是人力资源部招聘人才，尤其是招聘一流人才的时候，就有了理想的尺度。一家公司，搞定了几个一流人才，备齐了各部门的一把手，就差不多定局了。

看上去，老子在这里说的，都是一些平常得不能再平常的事情。但是基本的观察点选得不同，价值判断不同，这才是要害。所以，据说美国建筑师赖特（1869—1959），被称为 20 世纪最伟大建筑师的赖特，被誉为 20 世纪最伟大建筑——流水别墅——的设计师赖特，看到老子这一掌的时候，如雷轰顶。很多西方人和中国人也由此发现，原来西方和中国的建筑概念建筑理念建筑精神，竟是如此地不同。赖特发现，老子这一章说的建筑概念，不是把墙壁和屋顶看作建筑主体，而是把墙壁和屋顶围出来的空间看作建筑主体。就是说，赖特之前，西方人还没有"建筑空间"的概念。这使我们想起了中国国画和西方油画的区别。西方油画是涂满画布的，中国国画是留下大量空白不画的。最妙的是，赖特根本不是因为读了老子，才得出他的建筑理念的。赖特和老子，纯粹是心心相印、心理共鸣罢了。

很奇怪，太多和不多在这个问题上意见惊人地一致。她们都认为：赖特对老子的看法是错误的，显然是站在西方人的立场上看待老子。西方人"非此即彼"的习惯最终还是俘虏了最提倡"有机建筑"的赖特先生，使得这位 20 世纪最伟大的西方建筑师、或许还是 20 世纪人类最伟大的建筑师，用老子的无、老子的空间，批判了老子的有、老子的墙壁和屋顶。其实，是用一些西方人的空间，批判了另一些西方人的墙壁。至于中国老子的空间和墙壁，无和有，赖特还没有摸到，也没有看见。可惜，赖特以为西方人只有墙壁和屋顶，只有"有"，而老子只有空间，只有"无"。不过有无相生，有之以为利，无之以为用——太多和不多说道——中国的管理学，可能真的要在空间上大显身手。政府给企业留出空间，企业给顾客留出空间，老板给企业给部下给员工留出空间，顾客给企业和政府留出空间，可能正是中国企业管理将要大放异彩的地方。21世纪管理学的最大创新之一，可能就在这里。看得见摸得着的西方管理学，人们已经熟悉了。看不见摸不着的中国管理学，人们将要熟悉了。东西合璧的管理学——管理学的"有机建筑"——人们将要熟悉了。它和赖特先生的 organic architecture（有机建筑），可能有关系。

第十二章

五色令人目盲，五音令人耳聋，五味令人口爽，驰
骋畋猎令人心发狂，难得之货令人行妨。是以圣人为腹
不为目，故去彼取此。

| 试译 |

贪恋五色让人眼睛瞎，贪恋五音让人耳朵聋，贪恋五味让人口舌烂，贪恋骑
马打猎让人心发狂，贪恋稀缺财货让人干坏事。所以圣人只用粗茶淡饭，不求声
色犬马，所以不受外面那些诱惑，开发自身这个宝藏。

| 试注 |

▲五色：指青、黄、赤、白、黑五色，也泛指各种色彩。五色其实是指"贪

恋五色"，贪恋二字很关键。五色不能令人目盲，贪色之心才能令人目盲。

▲五音：中国五声音阶上的五个级，相当于现行简谱上的1、2、3、5、6；唐代以来叫合、四、乙、尺、工；更古的时候叫宫、商、角(jué)、徵(zhǐ)、羽。

▲五味：即甜、酸、苦、辣、咸，也泛指各种味道。

▲爽：败坏，丧失。

▲畋(tián)：田，打猎。

▲妨：妨碍，不方便，不轨，不守规矩。

▲腹：腹欲有限，吃饱肚子就撑不下了，代表内养真我。

▲目：目欲无穷，总是有看不够的花样，代表向外追求感官刺激，耳目口舌之欲。

▲去：抛弃。

▲彼：那个，即追逐以眼睛为主要通道的外物诱惑。

▲取：索取，开发，选择。

▲此：这个，即涵养以腹为象征的内在真我。

| 体会 |

刺激消费，几乎成了商业的天命。谁不刺激消费，谁就是商务的外行。所以老子这一掌，也是考验道商的一道试题。通过了，就可以归入道商一类。通不

过，不能算。

道商老总，要培养选拔帅才，就用这一掌。一掌出去，心里就有数了。看对方怎么接招。一掌就够，不需要第二掌。选拔人才，搞很多试题，没有必要。

不过这一掌如何出手，见功夫。

老多、大多、不多几个，练习这一掌的时候，有过多次切磋。有一次，他们运气出掌后，交流了一番心得。

老多先谈体会：我觉得啊，这一掌，运气的关键，就是不要挑逗人家出掌。

大多：不要刺激消费。

不多：这我也想过。但是不刺激人家出掌，我运气运掌，有什么意义呢？商务商道，总要有交易，交流，交换。自给自足，没有交易，商务在哪里呢？

老多：是啊。妙处就在这里，商道的玄处，妙处。譬如我们在这里切磋，是不是刺激消费啊？

不多：练拳嘛，总要切磋切磋。我们都是自愿的，都是有感而发。兄弟姊妹，还需要刺激吗？不需要。

大多：切磋就是交易。

老多：也对，也不一定。譬如，我们选拔帅才，出这一掌，是为了交易，为了有人接招，还是为了自得其乐？

大多：是啊，我也是觉得，这就是这一掌的劲道，发力点。

不多：按说，一般做生意，出掌就是为了有人接招。我出掌你接招；你出掌我接招。你来我往，就是生意。

老多：那么不一般的呢？道商的生意呢？如何出掌？

不多：这个，应该是自得其乐吧。不过……

老多：不过，这样就没生意可做了，是吧？

大多：道商无为嘛。

老多：很多人都这样说。所以他们不想做道商。他们想做生意，把五色五音五味搞刺激了。

大多：做激素生意。

不多：激素生意？啊有启发有启发。到鸡场猪圈牛栏里转一圈，到蔬菜大棚里转一圈，就全明白了。到幼儿园转一圈，更加明白了。边远农村的幼儿园不要去，当然那里也可能连幼儿园都没有。要去城市的幼儿园，尤其是大城市的幼儿园，看看孩子们，一个个肥头大耳的，吨位很高，幅员辽阔，血压的海拔也很高。

大多：到饭店里转一圈，再到边远农家小院餐桌上转一圈。味道绝对不一样。

老多：这都是刺激消费的结果。自己的舌头发苦，发干，发腻，发酸，所以寻求刺激。越刺激，自己的舌头就越是发苦，发干，发酸，所以越需要刺激。这就形成了一种商务模式。2008 年全球金融危机，是这种模式的一次呕吐，翻肠倒肚，把白粉啊，摇头丸啊，一个劲儿往外吐。但是很多人吐是吐了，吐完再吸。

大多：吸完再吐。这就是生意，大买卖。

不多：啊我有点明白了。

老多：明白了什么？

不多：吐了吸，吸了吐，这不就有生意了？

老多：完了？

不多：是完了。因为最后，连命都没了。

老多：真是不开窍。还不赶紧打棺材！那棺材生意肯定红火嘛。

不多：打棺材的也，也吸了吐，吐了吸，最后打棺材的也没有啊。

大多：哈哈。道商的生意来了吧？

老多：看来还没完。还需要刺激。

不多：你的意思是……

老多：不明白？

不多：我想想。是不是说，道商看到大家这么惨，就出来治病救人啊，道商的欲望刺激出来了。道商终于出拳了。

大多：难怪，很多人把道商看作企业大夫。经济危机一到，道商生意总是特火。平时看不出来。平时，道商总是被人取笑，或者无人注意。

老多：但是，一些"道商"就撑死在经济危机中。他们治病救人，马不停蹄，风餐露宿，夜不能寐，救人于水深火热之中，最后累倒在工作台上，急救室里，全身痉挛，吐血而死。

不多：病人是道商的白粉。

大多：冤枉。

老多：真是冤枉。

大多：病人怎么是道商的白粉呢？不公平，对病人不公平。把病人看作白粉，见了病人就不要命，一些"道商"就是这样寻求刺激。他们开的药方，就名叫

"不要寻求刺激"，告诉病人、濒临破产的企业，不要寻求刺激。他们苦口婆心，乐此不疲。一旦没有了病人，他们十分地失落，感到英雄无用武之地，感到道商之"道不行"，想"乘桴浮于海"。于是心灰意冷，看破红尘。

不多：经济危机是道商的节日。他们幸灾乐祸，大发横财，打造了治病救人的良好企业形象。吞并兼并，低价购进，小鱼吃大鱼，蛇吞象，风卷残云，多发生在危机时期。辟谷多年，胃口一旦打开，很吓人。

老多：所以庄子说，至誉无誉。我们如果知道了谁是道商谁不是道商，假如我们能够给谁颁发道商奖，给谁撤销道商奖，那么道商就在我们的掌握之中了。我们就这么一掌……

不多：把道商给拿住了。切磋切磋。

大多：有为的，不是道商。

不多：无为的，才是道商。

大多：也不是。

不多：无为而无不为的，才是道商。

大多：也不是。

不多：非无为、非无不为的，才是道商。

大多：也不是道商。

不多：那么谁是道商呢？

大多：如果我们知道了谁是道商，我们岂不是抓住了道？我们如果抓住了道，为什么我们不是道商？我们如果抓得住道，为什么不把这经商之道传给大家？传给子孙？传给弟子？我们如果能够把道商之道传给别人，世上为什么还有这么多不在道上的商家？我们以为人家不在道上的商家？

不多：我有点想法了。是不是说，道在砖瓦，在屎尿，道无所不在，所以人人都是道商？

大多：也不是。道无所在。

不多：那么，"道无所在"这句话有没有道？

老多：哈哈哈……

不多：道可道非常道，名可名非常名。勉强取个名，叫作道。

大多：强名也不是。强名也不是强名。

不多：那就不能说了。刺激消费，不刺激消费，既刺激又不刺激消费，既非刺激也非不刺激消费——怎么说都不是道。

大多：那就不说了。

不多：不说，也不是道。

♫第十三章

宠辱若惊，贵大患若身。何谓宠辱若惊？宠为下，得之若惊，失之若惊，是谓宠辱若惊。何谓贵大患若身？吾所以有大患者，为吾有身，及吾无身，吾有何患？故贵以身为天下，若可寄天下；爱以身为天下，若可托天下。

| 试译 |

受宠就惊一跳，受辱也惊一跳，就像珍惜身子那样，像特担心身子那样。为何说"宠辱若惊"？宠是抬举下贱人，下贱人得宠就惊喜，失宠就惊慌——这就叫"宠辱若惊"。为何说"像珍惜身子那样，像特担心身子那样"？我之所以特别担心，就因为我有这个身子。等到我没有这个身子了，我还有什么好担心的呢？所以说：能够像珍惜自己身子那样善待天下，才可以把天下交付给他；能够像爱护自己身子那样治理天下，才可以把天下托付给他。

▲若（惊）：而，乃，则。

▲贵（若身）：爱惜（身子）。人最爱惜自己身子，这是老子此处阐明的。反过来，人也最不爱惜自己的身子，而最爱惜身外之物、浮利虚名，这是老子此处暗含的。明暗并不矛盾，所以名可名非常名，"身"这个"名称"也要这样理解，"身"这个"实体"也要这样理解。那么，"身"究竟是"名"，还是"实"？实可实，非常实，实其实是个名，名其名是个实。

▲患（若身）：担忧（身子）。人最担忧自己的身子。但也最不担忧自己的身子，最担忧的是身外之物、虚名浮利。

▲若（身）：如若，好像。

▲宠为下：或作"宠为上，辱为下"。

▲及：如果，等到。

▲为：治理，譬如"为国"，"为政"。

▲若（可）：乃，才。

▲寄：交付。托：托付。

做生意，最怕失宠。

失去消费者宠爱，失去市场宠爱，那就要命了。

所以生意人总是拼命讨好消费者，拼命讨好市场。取个好名字，叫作"顾客是上帝"。说句好听的，叫作"顾客永远是对的"。所以我们拼命希望得宠。得宠了，一惊。失宠了，又一惊。一惊一乍的，血压就上去了。医院的生意火了，医生得宠了。GDP 一路攀升。幸福指数纹丝不动，或者往下跌。

说起医院的生意，总有点不舒服。即便我们说——医院嘛，病人是上帝，病人永远是对的，我们心里也不舒服。因为我们这样说，是为了我们的荷包。生意生意，无论我们说的多么好听，顾客是上帝啊，顾客永远是对的啊，都不舒服。因为我们这样说的时候，想着顾客的荷包。我们怕失宠。怕，就有鬼。嘴里说的是上帝，心里有鬼。嘴上是怕上帝，心里是怕鬼。顾客是上帝，这句话有点言不由衷。怎么解释也不到位。越解释，心里越虚。

心里不舒服——大多有个评论——发虚，说明我们说的是真的。言不由衷而不舒服，说明我们想说真话。所以，我们遇上雷锋叔叔，总是激动不已，像发现了自己的父母、兄弟、孩子，像发现了久别的知音。雷锋叔叔治好了我们心理的创伤。雷锋叔叔不想得宠，不怕失宠。做好事完全出于真心，不求回报。

不多就问了：对雷锋叔叔来说，顾客应该真的是上帝吧？

大多：顾客是上帝这句话，雷锋叔叔没说。

不多：他的意思应该是这样吧？假如雷锋叔叔做生意。

大多：雷锋叔叔面前，可能没有顾客。

不多：应该也没有做好事一说吧。

大多：做好事，自己快乐。所以是对自己好。求回报是多余的，自己已经得到回报了，已经快乐了。快乐是真的好事。如果我们做了好事，老在担心不得宠，不得表扬，不得奖励，这就是坏事了，搞坏了心情。心情不好，身体也会出毛病。

不多：所以老子说，能够像珍惜自己身子那样善待天下，才可以把天下交付给他；能够像爱护自己身子那样治理天下，才可以把天下托付给他。

大多：对。是不是好事，就看能不能给我们带来好心情，好身体。赚了很多钱，心情搞坏了，身体搞坏了，那不是好事。网上流传一副对子，说的就是这种状况。

上联是：一个老板两部手机三餐喝酒只为四季销量搞得五脏俱损六神无主仍然七点起床八点开会约了九个客户十分辛苦。

下联是：十年经商九州跑遍八面玲珑忙得七窍生烟到头六亲不认五体欠安依旧四肢勤快三更加班只为两个臭钱一生奔波。

横批：生意难做！

虽然文字不是绝对工整，意思却是十分贴切。

不多：想得宠，怕失宠，心情就不会好。

大多：《庄子·在宥》说得很好——

故君子不得已而临莅天下，莫若无为。无为也，而后安其性命之情。故贵以身于为天下，则可以托天下；爱以身于为天下，则可以寄天下。故君子苟能无解其五藏，无擢（zhuó）其聪明，尸居而龙见（xiàn），渊默而雷声，神动而天随，从容无为而万物炊累焉。吾又何暇治天下哉！

不多：那么，假设雷锋叔叔做生意，也一定是不得已。

大多：我想应该是这样。不得已做生意，实际上无为，没有生意可做，只是为人民服务的一种方式而已。

不多：服务，其实才是真正的生意。全心全意的服务，生意的最高境界。

大多：全心全意，就一无所求。一无所求，才能全心全意。

不多：全心全意，才可能把才华发挥得淋漓尽致，把工作做得尽善尽美。才可能出顶级精品，才可能无忧无虑欣赏人生，欣赏世界。

大多：所以我把庄子那段话这样翻译出来——

　　因此，假如君子不得已而当了老总，打理一家跨国公司，是没有比不打理、不做生意更好的办法了。不打理，不做生意，不贪生怕死，就可以心安理得，心情好，身体好。把自己的心情、身体打理好，是老总最大的项目，最好的管理，最大的成功。所以，能够像珍重自己的身体和心情那样去珍重一家公司，才可以把这家公司托付给他；能够像照料自己的身体和心情那样照料一家公司，才可以把这家公司委托给他。所以说，老总如果能够不费心、不去伤害自己五脏六腑的三魂七魄，不要聪明、不去伤害自己的眼睛鼻子和耳朵，就能够像挺尸那样一动不动而龙行天下财源滚滚，像深渊那样沉默寡言而声如雷霆广告天下，能够国内外大小市场物随心转，万事如意，从容无为，任随股市像烟尘一样起起落落，落落起起。何必非要放弃休闲，挤出时间，来刻意打理公司业务呢？

不多：可见，贵身爱身，不是贪生怕死。相反，是舍得，是无身，忘身，是无为；而后得以修身，养身，成身，全身，无所不为。

♫第十四章

视之不见，名曰夷；听之不闻，名曰希；搏之不得，名曰微。此三者，不可致诘，故混而为一。其上不皦皦，其下不昧，绳绳兮不可名，复归于无物。是谓无状之状，无物之象，是谓惚恍。迎之不见其首，随之不见其后。执古之道，以御今之有。能知古始，是谓道纪。

| 试译 |

看它看不见，名叫夷无形；听它听不见，名叫细无声；摸它摸不着，名叫微无体。这三样，不可以刨根问底，所以能混作一体。日月照上去不能增亮它，云雾遮下来不能加暗它，绵绵不绝，不可名状，回归到空洞无物。这叫作没形状的形状，没物体的现象，这叫作恍惚不定。迎上去看不见它的头，跟着走看不见它的尾。掌握古来的大道，驾驭现有的一切。能够追根溯源，体悟远古的创业之道，这叫作大道一统。

/

▲夷、希、微：形容"道"的虚无缥缈，难以捉摸。

▲夷：无形；广阔平坦。

▲希：细，无声；超出一般人听力范围，老子所谓"大音希声"（四十一章）。

▲搏：触摸。

▲微：无体，很细小。

▲致诘：追问究竟。

▲皦：皎，明亮。

▲昧：昏暗。绳绳：若有若无，绵绵不绝。

▲惚恍：飘忽不定。

▲御：驾御。

▲古、今、古始：无古今之古，叫作古；无今古之今，名叫今；无终始之始，称为古始。

▲纪：纲纪，统领，大原则。

| 体会 |

/

夷是平。但真正的夷，也可能是不平。沟沟坎坎，颠颠簸簸的，正是人生的公平。历尽坎坷，才知道人生的可贵可喜可贺可敬可爱，才能够领略创业的无限风光。把创业的环境搞得那么好，这也有了，那也有了，这也方便，那也方便了，还有什么可以创造的呢？

比如说，好多人替中国民营企业鸣不平，说中国民企远远不如国企待遇高啊，贷款比国企外企难啊，市场准入门槛比国企高啊等等。但是很多民企人士，却偷着乐。他们感到，中国民企的待遇，够好了。中国民企最终战胜国企和外企，驰骋全球市场，就靠现在的不公平待遇。现在的不公平，正是天道的大公大平，至公至平。他们欢迎一个炼狱，想百炼成钢。

好比最初的高速公路，设计修建得太平太直，车祸反而很多，正如老子叹息"大道甚夷而人好径"（五十三章），开车的反而喜欢道路崎岖一点，免得瞌睡翻车。

道商之道，是直的还是弯的？平的还是不平的？

天道，是直的还是弯的？平的还是不平的？

公道，是直到还是弯的？平的还是不平的？

道，是直的还是弯的？平的还是不平的？

中国式管理，这一掌极有特色。一掌出去，看不见动作。掌进掌出，听不到风声。看不出出掌了没有，看不出直掌还是曲掌，听不出掌风是快是慢是刚是柔，碰不到掌硬还是掌软，掌凉还是掌热，掌大还是掌小。任你孙悟空一个筋斗云十万八千里，还在如来佛的掌中扑腾。这一掌，究竟如何取名？

名叫视之不见，名叫听之不闻，名叫搏之不得。名叫夷掌，名叫希掌，名叫微掌。名叫夷无形，名叫细无声，名叫微无体。名叫绳绳不可名，名叫惚恍，名叫无物，名叫无掌，名叫无形，名叫神龙掌，名叫见首不见尾。

曾经有人请老多到大学讲座，讲人力资源管理。

老多说：有什么好讲的。

那人是个管理学教授，说：还是讲讲吧，贵公司人力资源这么丰富，随便讲讲都是好案例。

老多：实在是讲不出什么。

教授：涉及商业机密的，可以不讲。

老多：那倒不是。你看我们公司的账本都公开了，挂在网上，任何业务也都挂在网上，流程都在网上，大家都看得见的。所以不是什么机密，实在是讲不清楚。

教授：网上的东西，人家看多了，觉得不是贵公司的核心机密。一定还有没讲的，没上网的。

老多：这个倒是实话。但不是机密，而是没法讲，讲不出，没法上网。就是指着看、指着讲，也看不清、道不明。你看一台戏，各有各的感受，怎么好统一口味呢？统一不了。没办法的事。

教授：还是讲讲的好。

老多：也不是没讲过。我到老掉牙公司就讲过。

教授：听说了。也是讲人力资源。

老多：我说，人力资源啊，不要管。他们不信。欢迎，鼓掌，倒茶，请坐，聘请为客座教授，这些他们都做了，但是我讲的，他们不信。

教授：是啊，因为他们刚刚听说你在另一家公司讲了人力资源要仔细管。

老多：但是这家公司也不信。仔细管，大家都这么说，说了多年。人家要听点新鲜的，听点真的。人家新郎公司，喜新厌旧。哪里有那么多新鲜的可讲啊，哪里有那么多古董好讲啊。

教授：这话我听不明白。

老多：这道啊，管理之道，从来就没有过。要是有道，我还不传给我的儿子？这八竿子打不着的东西，没眼睛没耳朵鼻子的东西，非要问它是新的还是旧的，干的还是湿的，靓的还是丑的，直的还是弯的，挨得着吗。我压根就没偷东西，你非要问我怎么偷的，是蒙面偷呢，还是脸上刻个偷字去偷啊？我怎么老实交代嘛。

教授：看来真的是没有。

老多：是啊，连"没有"也没有。

教授：所以你经常说，老多公司不招人，不留人，不赶人。感情留人，事业留人，待遇留人，这些都不搞。也不招人，也不赶走人。但还是看见你们招聘啊，留人啊，开除人啊。

老多：做事和兄弟公司没什么不同。只是心里的想法不同，意图不同。看上去也在招人，其实没招，是两厢情愿，一拍即合，讲究个缘分。留人也是一样。不是留人，而是自然留住。自然，是符合人的本性。不要考虑老多公司的得失，不要顾虑这个人一时的想法，不要为难他，也不要迎合他，不要迁就他。要抛开一切顾虑，完全彻底地为他着想。这样才有好主意。好主意就是自然而然的主意。一心想着这个人，他到底需要什么？自然就有结果。他自己有杂念，他自己也想不明白。所以不要顾忌，不要怕得罪他，不要想做好人。想多了，为老多公司着想，或者不为老多公司着想，就多心了。多心了，任何方略都是错的。搞很多招数，事业留人感情留人，做作了，不实在，不是彻底为人家着想，不是敞开了说话，总是有所顾忌，有所顾及，顾及利害。顾及利害，总是顾及不了的。顾及，就放不开。放不开，就看不清。看不清，就拿不稳。拿不稳，就做不好，打不中。说唯利是图，其实利在哪里，自己不清楚，经常缘木求鱼。唯利是图，很难做到。听说讲"天上天下，唯我独尊"的那个人〔说这句话的，是释迦牟尼佛〕，他做到了。

教授：世上的事情，常常是反的。紧紧抓住，就是抓不住。不抓，什么都有。放开双手，这整个世界都有了。

老多：彻底为人家着想，和彻底为老多公司着想，没有任何区别。所以不要顾虑。你非说，我就是要损害老多公司，就是要为人家打算，那也矫情了，做作了。都要抛开。视之不见，听之不闻，搏之不得。不必捕风捉影，井底捞月，竹篮打水。

♫第十五章

古之善为士者，微妙玄通，深不可识。夫唯不可识，故强为之容：豫焉若冬涉川；犹兮若畏四邻；俨兮其若客；涣兮若冰之将释；敦兮其若朴；旷兮其若谷；混兮其若浊。孰能浊以静之徐清？孰能安以动之徐生？保此道者，不欲盈。夫唯不盈，故能蔽_新而新成。

| 试译 |

古代那些会当士人的，微妙，玄奥，开通，深沉，不可貌相。正因为不可貌相，所以只能勉强描绘一下：他有所迟疑，好像冬天过河；有点担心，好像敬畏四邻；雍容端庄，好像出门做客；心情轻松，好像冰雪消融；为人敦厚，好像一块树皮；旷达洒脱，好像万年空谷；比较糊涂，好像一池浊水。谁能让一池浊水静下来，慢慢澄清？谁能安分守己，随天机动起来，徐徐生长？恪守这种道行的，不妄图圆满。就因为不妄图圆满，所以能抱残守缺，焕然一新。

▲士：潜心修道、学问渊博的人；"士"或作"道"。

▲玄：不可思议。

▲通：通达，圆融。

▲强：勉强。

▲容：描绘，形容。

▲豫：预备、小心谨慎。

▲俨：端庄。

▲客：恭敬端庄像做客一样。

▲涣：散开，化解。

▲释：融化。

▲敦：实在，厚道。

▲朴：树皮，淳朴。

▲旷：宽敞，比喻心境开阔。

▲谷：两山之间深广而有出口的低地，往往包含一个流域，比喻空灵。

▲混：模糊。

▲浊：不清楚。"安以动之徐生"：或作"安以久，动之徐生"。

▲盈：满。

▲蔽：同"敝"，陈旧，残缺。"蔽而新成"：也即老子所说"敝则新"（二十二章），敝极则新，无需刻意创新，因为"反者道之动"（四十章），万物会"自化"

的，我们顺势而动、因势利导就行。或作"蔽不新成"。

| 体会 |

抱残守缺，不见异思迁，需要很大定力。没有大定力，大创新出不来。定力是一种保守的力量，守住不动，无论什么妖怪来引诱，都不动心。用金箍棒在地上画个圈，呆在里面不出来。美女来了，秀色可餐的，不出来；老婆婆来了，可怜兮兮的，不出来；老公公来了，老实得像火腿似的，还是不出来。爱美之心，同情之心，小瞧之心，一概不起。我就画地为牢，守住这个巴掌大世界的无限风光了。"成功的创新者都是保守的。"美国管理大师德鲁克（Peter F. Drucker）说到企业家的创新精神时，这样下断语。

人都是残缺的。鹰击长空，能看清地上的小鸡，人眼却看不见。山洞漆黑一团，百万蝙蝠齐飞，既不会撞到洞壁上，相互之间也撞不上，这种能耐，人也没有。冬天来了，青蛙躲到地下，不吃也不喝，一睡几个月，第二年春天才起床，这种本事，人也没有。但是，人能够做到的许许多多事情，像发明数学物理学啊，等等，青蛙苍鹰蝙蝠啊也可能做不到。万物都是残缺的。

认识到自身的残缺不容易。抱残守缺，敝帚自珍，坐井观天，可怜。更可怜的，是不自知其可怜。桃花源中人，不知有汉，无论魏晋，可悲。更可悲的，是不自知其可悲。抱残守缺是死路一条了，人应该好好学习，天天向上。

子曰："学而时习之不亦说乎，有朋自远方来不亦乐乎。"有一天，远方来了一位好朋友，让我们忽然发现了残缺之美，从而脱胎换骨，焕然一新。

那最大的残缺，就是一切皆空，一无所有。

抱住这个，守住这个，就应有尽有。

有成绩，过去了，空掉。有缺点，过去了，空掉。有庸庸碌碌的日子，过去了，空掉。有朋友，过去了，空掉。有对手，过去了，空掉。有路人，过去了，空掉。

一无所有，一切归零。万事莫想，一心闭关。

无限生机，无穷创意，无量生意，在这个关头，出现。

闭关自守，日新月异。

老多集团的百年大庆，口号就是"抱残守缺，焕然一新"。

这八个字，打在空中，高悬在"老多集团历史博物馆"上空，周围很远的人都能看见。

百年大庆之后，参观老多集团历史博物馆的，还是络绎不绝。

很多参观者对老多集团的历史眼光极为钦佩。在历史博物馆里，老多集团最初创业用过的破汽车，破桌椅，最初搞自动化管理时员工手写的设计方案，字迹歪歪斜斜，纸片皱皱巴巴，历历在目。用金碧辉煌的橱窗展览出来，加上最原始的录像，每个参观者都可以身临其境，一睹当年的老多风采。当年的老员工做义务讲解员，可以一直讲解到餐桌上，听众百听不厌。博物馆旁边的老多餐厅，老多宾馆，顾客人头攒动，人声鼎沸。

这么搞企业，什么都不浪费——一个观众感叹说。

一切都是财富，无论成败，无论得失，不论好丑，不论新旧——另一个观众这样回答记者的提问。

♫第十六章

致虚极，守静笃。万物并作，吾以观复。夫物芸芸，各复归其根。归根曰静，是谓复命。复命曰常，知常曰明。不知常，妄作凶。知常容，容乃公，公乃全，全乃天，天乃道，道乃久。没（mò）身不殆。

| 试译 |

让心清虚得不得了，清静得不得了。这时候会万象生起，我只需静观它们回家。万物琳琅满目，最后会各各叶落归根。归根叫作清静，是回归生命本源。回归生命本源，叫作常道。懂得常道，叫作明白。不懂常道，胡作非为，太危险。懂得常道，就心胸开阔；心胸开阔，就公正无私；公正无私，就全局在握；全局在握，就承当天命；承当天命，就顺行天道；顺行天道，就天长地久。一辈子不用担惊受怕。

▲致：专心用功。

▲虚极：清虚的极致。

▲静笃：特别清静。

▲笃：专一，深厚。

▲作：发动，兴起。

▲观：静观。

▲复：复归。

▲芸芸：繁多。

▲命：天命，即性命和宇宙的本真状态。

▲妄作凶：可以读作"妄作，凶"。

▲没身：终其一生。

▲殆：灾难，危险。

| 体会 |

这一章，道商的翻译很有必要。曾经有过很多译本，太多的译本比较受欢迎。

太多这样翻译——

♪极端的虚心，极端的安静。无数公司一齐创业，本公司只是静观其变，等着他们回归生意的本分。万千公司热火朝天，最后都会叶落归根，各归本分。回归本分，叫作安分守己。安分守己，叫作履行商人天命。履行商人天命，叫作四季常青的培根项目。知道什么是四季常青的培根项目，叫作业务上道。不懂得培根，东一锄头西一铲子，动了根本，太危险了。懂得培根，就纲举目张统领全局；胸有全局，就办事公道；办事公道，就有神助；得了神助，就入商道；入了商道，生意长久。一辈子不愁。

生意的本分是什么呢？

太多说：就是安分守己，让自己的身心，都生机勃勃，健康快乐。没钱愁穷，有钱愁富，那不叫生意。没钱要庆幸，要当作有钱一样享用，无之以为用；有钱要庆幸，要当作没钱一样刺激，有之以为利。生意生意，有无相生，就是生意。无就是无，有就是有，那就没生意了。有中生无，无中生有，才是生意。生就是创造，就是创业。意，就是我们的心意。如何生意？应无所住，而生其意。没钱，就觉得没钱，这个心停在没钱上面，不知道没钱就是有钱，心死了，死在没钱上。其实，有钱都是没钱逼的，逼出来的。所以，没钱是有钱的爹娘，杨白劳是黄世仁的老爷。有钱，就觉得有钱，这个心停在有钱上面，不知道有钱就是没钱，心死了，死在有钱上。

其实，没钱都是有钱耗的，耗掉的。所以，有钱是没钱的大少爷、小祖宗，黄世仁是杨白劳的宝贝儿子。有不当作有，无不当作无，无所住，就生意。生意就靠历事炼心，历事炼心是生意的本分，核心业务。安分守己，守住这个历事炼心，不动。一年不动，小成。三年不动，中成。三十年不动，大成。三百年不动，无成无不成。历事炼心，在任何环境中都是可以的。道商历事炼心，在任何时代任何地方，都得心应手，感恩戴德。遇到阻力，是磨砺。遇到推力，是考验。遇到既阻挡你又推动你的全力，是复杂的考验。遇到既不阻挡你也不推动你、和你完全无关的那个无力，也就是和你完全一样以致你根本发现不了的那个同力，是更大的考验。人生在世，跑项目，遇到的无非就是这四类力量，来考验我们，培养我们，历练我们，抬举我们。这就是天道，就是商道。真是太公正了，太优惠了。无微不至，狗屎里面，地狱里面，垃圾堆里面，天堂里面，到处都是。

不多听到这里，不禁感慨说：有道理。想起你说过的，"商人见钱眼开，道商眼开见钱。"

太多：见钱眼开，是生意人的初级阶段，是个人，都可以做到。钱就是钱，石头就是石头，石头不是钱，钱不是石头。眼力在这个水平。

不多：道商就不同。火眼金睛，那眼睛一看，满世界都是金子。道眼开了，钱眼开了，成了道商。黄金铺地，白银为墙。道商的眼中就没有废物，没有垃圾，没有牛屎。

太多：苏东坡看佛印禅师，佛印禅师看苏东坡，就是不同。

不多：横看成岭侧成峰，远近高低各不同。

太多：一个看对方是牛屎，一个看对方是佛陀。仁者见仁智者见智，利者见利，生意人见生意，钱眼见钱。所以苏东坡见了佛印禅师，佛印禅师问：你看我像个什么? 苏东坡说: 我看你啊, 像一堆牛屎。说完问佛印: 你看我像什么? 佛印说: 我看你啊, 像尊大佛。苏东坡高兴坏了, 回去告诉苏小妹, 说自己今天终于赢了佛印。苏小妹请东坡哥一一道来, 然后眉头一皱, 说: 糟了, 你可是输惨了。苏东坡一头的雾水, 听不明白, 说: 我输在哪里? 明明我赢了啊! 苏小妹说: 牛屎心看人都是牛屎, 佛心看人, 都是佛陀。

不多: 所以你说, 商人见钱眼开, 道商眼开见钱。

太多: 当然, 这是大致这么说。细说的话, 道商还有更高的境界。

不多: 是吗?

太多: 道商的钱太多, 多得不可思议, 富得令人狐疑。所以看上去, 有些道商似乎是个贫道, 似乎钱不多。因为一般人钱眼没开, 好多种货币, 我们看不见。只认得美圆、人民币、英镑、欧圆, 不认得月圆、日圆、水圆、风圆、花圆、叶圆、心圆、意圆、情圆、石圆、沙圆……不认得道圆。点石成金、视水成银的工艺, 我们看不见, 属于商业机密。

不多: 难怪说很多道商大隐于市。真人不露富。

♫第十七章

太上，不知有之；其次，亲而誉之；其次，畏之；其次，侮之。信不足焉，有不信焉。悠兮，其贵言。功成事遂，百姓皆谓："我自然。"

| 试译 |

最好的领导，大家都不知道有个领导；第二等的领导，大家亲近他赞美他；第三等的领导，大家怕他；第四等的领导，大家戏弄他。因为他自己的诚信不够，大家也就不信任他。不如悠着点儿，说话慎重点儿。事情办成了，老百姓都说："我自然就成了。"

| 试注 |

▲太上：最高明（的君王，至治之世，最理想的时代）。

▲悠：悠闲清净。

▲贵言：惜言如金。

▲自然：本来如此。

▲信：（君王自己的）诚信。

▲不信：不被信服。

| 体会 |

这一掌，练自主管理，自动化管理。

道商没有控制欲，没有垄断欲。这是道商和一般商人的根本区别。当然，道商儒商禅商，都没有控制欲，垄断欲。因为他们都把无为法当作根本的经商之道，只是无为的程度各有不同。他们在商不言商，在商言商。无为而无不为。在商不言商是无为，在商言商是无不为。这两个方面没有差别。无为就是无所不为，无所不为就是无为。生意就是非生意，不做生意就是做生意，没有差别。一般的商人，做生意和不做生意，是分开的。他们在生意之外，还另有所图，另有所乐。

道商儒商禅商，到哪里都不见外，干什么都不见外。做生意不见外，一切都是生意。休闲不见外，一切都是休闲。快乐不见外，一切都是快乐幸福。所以没有控制欲，没有垄断欲。因为无论干什么，都一切具足，都全力以赴，都一心一意。做生意，满眼都是生意。赚钱，满眼都是钱。快乐，时时处处都是快乐。

学习，一切都是学习。生活，一切都是生活。享受，一切都是享受。时时刻刻桩桩件件在在处处都是生意，都是生活，都是快乐，都是休闲，都是无为，都是有为，都是学习，都是享受，都是幸福，都是历练，都是感恩，都是报恩……一切具足，还控制什么？还需要垄断什么？不需要了。什么都有了，人生百味都有了。痛苦，煎熬，受难，烦恼，都有了。历练嘛，学习嘛，享受嘛，这些都在里面。享受痛苦，享受烦恼，享受煎熬，这些也都有了。哭得痛快，笑得也痛快，毫无顾忌，自动化进行，自然进行。形成一种企业文化，特别包容，无所不包。

一般的公司必然寻求垄断。寻求垄断就要控制一些东西，抛弃一些东西。经济学把这个叫作选择。据说经济的本质就是选择。但是禅商有话，说是——"至道无难，唯嫌拣择。但莫憎爱，洞然明白。"［禅宗三祖僧璨大师《信心铭》。］

一般公司寻求垄断，是个天然的冲动。为什么？他眼里只认人民币美元是钱，不认沙子垃圾石头风吹草动是钱。他钱眼没开，资源就有限。资源有限就要控制。你控制，别人也控制，都是认为资源有限。相互控制，都想垄断资源，结果生意做成了零和游戏。零和游戏必然打得昏天黑地你死我活妻离子散家破人亡尸横遍野狼烟四起血流成河……于是大家坐下来谈判订合同签协议说是要有规则，不许垄断。并且把这个定为法律，交由公共权力去执行。一般的市场经济，一般的公司，就是这种状况。

道商呢，也在其中混，一般看不出来。因为这些规则这些游戏，对道商都不构成阻力，不构成推力，不构成障碍，不构成动力。道商完全在这些东西的约束之外，所谓跳出三界外不在五行中。只不过因为他们大隐于市，我们看上去好像他们和我们差不多，甚至比我们差得多。幸福观不同，看法自然不同。我们拿别人的评判来衡量自己的成功与否，幸福与否，富裕与否。道商不是。道商自己评判，自己做主，自动化管理。"太上，不知有之。"最好的领导最好的老板，别人都不知道他是老板。别人都发了大财，得了幸福，有了健康，都不知道有老板的功劳，都认为是自己的功劳。道商是不是这样就功劳少了一点呢？不是。这正是他们最大的成功，最大的愿望。他们本来就希望这样。他们不寻求垄断，不寻求控制，没有领袖欲。为什么？因为他们什么都有。他们眼开见钱，泡在钱海里面，怎么扑腾都是钱。他没得选择。他做的是太和游戏。零和游戏资源有限，相互抢，你死我活。太和游戏资源无限，相互给。给也是白给，因为无限嘛，假装给。自然也就假装抢，抢也是白抢，游戏，这才是真的游戏。不当真的，不是真抢真给的。第八十一章说，"道商是给别人，帮别人。越是给人家，自己就越多；越是帮人家，自己就越能耐。"这也是说着玩的。游戏中的话，当不得真。为什么？因为资源无限，不增不减。怎么加，也是无限。怎么减，还是无限。加减乘除，都是游戏。这就是无限数学和有限数学的区别。

在有限数学看来，无限数学简直就是天方夜谭。无限无限，就没有限制，自在。自在，就能玩零和游戏。所以，恰好只有道商，当然还有儒商禅商，才真有本事玩零和游戏。为什么？因为他们资源无限，玩的是太和游戏，共赢游戏，至少是自己准赢的游戏。因为太和游戏的玩法，是只要你有太和心情，只要你懂得资源无限，只要你眼开见钱，你就准赢，你就在玩游戏之前已经赢了。游戏只是玩玩罢了，因为你准赢，早就赢了。别人也是这种太和心态，他也准赢。一个人玩，一个人赢，不管对方的。对方玩他的零和游戏，你玩你的太和游戏。没关系的。两个人都有太和心情，两个人都赢。一万人都有太和心情，一万个人都赢。最妙的是不管别人和你玩什么游戏，你只跟他玩太和游戏就是了。因为你有了太和游戏，你还玩零和游戏有什么意思啊？一点意思都没有。你给他讲太和游戏，他不信，只好让他跟你玩零和游戏，但是你还是跟他玩你的太和游戏，这样对你好，对他也没害处，何况你苦口婆心告诉他他也不信，你只好"悠兮其贵言"。

所以道商做生意，他是拿太和游戏的玩法，来和我们玩零和游戏，而且我们打死也不知道，打死也不相信。道商在哪里赢了，或者道商是如何让我们赢了，我们是根本不知道的。打死也不信的。我们知道的，是道商比较傻。"太上，不知有之。"我们成功了，我们认为这是我们自己的功劳。"百姓皆谓我自然"，都说是自己努力的结果，我自然就成了。

所以——

♪最好的老板，公司里人人自主创业自我管理，大家都不知道他是老板；第二等的老板，体恤人、帮助人、照顾人，大家都爱他喜欢他；第三等的老板令行禁止，赏罚分明，大家敬他怕他；第四等的老板，也不体恤人，也不懂赏罚，所以大家耍他。因为他自己不够诚恳，大家也就不相信他。不如轻轻松松，说话实实在在。项目做成了，员工们都说："我自然就做成了。"

♫第十八章

大道废，有仁义；智慧出，有大伪；六亲不和，有孝慈；国家昏乱，有忠臣。

| 试译 |

大道废弃，仁义就显眼；智谋多用，狡诈就流行；六亲不和之时，显出孝子慈父美好；国家昏乱之际，显出忠臣贤相珍贵。

| 试注 |

▲六亲：古指父、母、兄、弟、妻、子；泛指亲戚，亲人。

| 体会 |

这一章总是被历史佐证，个人也是一样。身体好，全身每个部位都没有特殊感觉。一旦觉得体内某个地方有东西，就是毛病了。"太上，不知有之。"（十七章）一个人脑袋灵光、思路通达，感觉不到这脑袋的存在；一旦觉得自己脑袋灵光思路通达，就有点问题了，不过还是不错，"其次，亲而誉之。"（十七章）"我好聪明啊！"心想。这就是毛病。一旦觉得脑瓜子不好使了，就"哎呀怎么头这么昏！"用手直掐，"其次，畏之。"（十七章）害怕。一旦利令智昏，疯了，癫了，就做鬼脸，吐舌头，跳大神，开始戏弄自己了，"其次，侮之。"（十七章）

历史和个人相仿。大道废弃后，才看出谁仁义谁不仁义。大家都仁义，某个人仁义就不显眼，也不可贵。可贵的是大家都不仁义，我也仁义。经常有人说："你不仁，休怪我不义。"这是说："你坏，我也坏。"甚至是："你坏，老子比你更坏。"这是很奇怪的一种生存智慧，一种自我作践的智谋。这好比说："你是烂苹果，老子是臭狗屎！""你没人爱，老子令人讨厌！"孔子说"小人比而不周"（2.14），比坏也是一种比。比谁更坏，更没用，更讨厌。说"人往高处走"，看来并不总是这样，因为这种"比坏"，分明是故意往低处走。"龟孙子你半点钟毁掉自己，你爷爷我半秒钟毁掉自己。"这么个比法。在这种比法盛行的时候，有人一如既往"有仁义"，那是真的，可能看得见，虽然也可能看不见。仁者，人也；人者，仁也。真人不露相，真仁也经常不露相。但是"大道废"，比较容易显示更多的仁义来。战乱之中，仁义之士、仁义之师也容易出来。好比泉水干了，鱼群都在陆地上，那个感情动人啊："泉涸，鱼相与处于陆，相呴以湿，相濡以沫。"(《庄子·大宗师》)平常大家都仁义，彼此"相忘于江湖"，就显不出来。所以庄子觉得"不如相忘于江湖。"(《庄子·大宗师》)

但是真正的仁不一定要显，不一定要隐，应时而现，应时而藏，就可以了。

读南怀瑾先生《论语别裁》，开头一句很契合老子这一掌。南先生开头就引出"三四教授"的绰号。三是三民主义，四是四书五经。三四教授，是教三民主义和四书五经的，在台湾十分令人讨嫌。三民主义和四书五经，都是讲仁义，讲智慧，讲孝慈，讲忠信的，为什么讨人嫌？这是很有意思的。其实也平凡，老子看得真切。一瓶补药，不看时候，硬逼着儿子灌下去。好哇，以后最痛恨补药的，一定是我儿子。走着瞧。有人说，如今中国大陆，比台湾还珍惜中国老祖宗；四书五经啊，老庄啊，释迦牟尼、慧能啊，都比较吃香，很多人发现里头有宝贝，翻出来看。经典诵读工程越推越广，越推越深。人们看到一个怪现象：从前是台湾尊重传统，现在是大陆尊重传统；从前大陆搞"文革"，横扫"四旧"；后来是台湾有"台独"，搞"去中国化"。历史难以捉摸，三十年河东啊。也有台湾人说：从前大陆的书在台湾吃香，现在一解禁，不香了。联系到台湾当年保存、推广四书五经，搞得那么多人头痛，乃至于今日覆水难收；联想到五四运动打倒孔家店，"文革"横扫孔孟，今日大陆尊孔奉道，令人感慨。历史的经验值得注意，《老子》的话值得深思。

从前横扫，物以滥为贱。今天横流，物以稀为贵。能不能持久？还说不定。"酰肥鲜甘非真味，真味只是淡。"太酰了，太有为了，难以长久。"地久天长"，天地也不说话，也不生育，万物滋长得很好，年年如此，也不要五年规划，百年愿景，万年鸿图。滋长是万物自然的、自己的运动，不是天老爷的设计，不是土地爷的工程。看来看去，还是"无为"一些好。无为乃是真做，不是什么也不管。真做是自己做，自己修德，大家就跟着来。上行下效，中国传统美德就这么简单。"自强不息"，中华民族精神就这么朴素。"子曰：学而时习之，不亦说乎？"假如是"不亦苦乎"，这个诵读工程就要反思了。

经典诵读工程，关系于亿万儿童身心健康，关系乎民族精神培育，一定要小心行事，不可以造次，不可以急功近利，不可以作为政绩争功，不可以作为盈利之图，更不可以沽名钓誉。大人们如果造次、毛糙、着急、图利、争功、图名，"小人"们都看着。这些"小人"这些孩子不可以小看，他们才是真正的大人。他们天天看着我们。看着就要学，上行下效，嘴里读天书也没用，父母、师长做什么才是真。往往是上头一号令，事情就搞坏了。不要号令，自己做就行了。搞市场经济的初衷，也就是"无为"两个字。也许除了经济上需要无为，精神导向上也需要一点无为。不然，今日推广传统美德，明日便是美德传统的沦丧；今日推广经典诵读，明日则有痛骂诵读经典的"叛逆"。

五四运动不是没有道理的，到了清末，统治者一点底气没有了，很多大儒也流于腐儒了。清末依然是"天行健"，大量君子却无力"自强不息"，而是日益堕落，这时候强制灌输四书五经，岂不是正好毁掉我们老祖宗的真传吗？这真传之一，便是"无为"两个字。"反者道之动"（四十章），要让人痛恨祖宗，大概就是不看时空一味高喊"祖宗万岁"吧。那掐掉祖宗命脉气脉的绝招，也许就是昏天黑地、倒头便拜吧。"智慧出，有大伪"，说圣贤有智慧，好，但是圣贤的书读多了，伪君子也就训练成功了。危言耸听，不可不防。

现在一些企业开始重视孝道的培养，这是非常根本的一个进步，是从知识经济走向善知识经济的一步。但是，搞得不好，也会流于形式，事与愿违。庄子对这个问题有洞见。《庄子·天运》说——

♪宋国太宰荡向庄子请教仁的含义。

庄子说：虎狼，也有仁。

太宰说：什么意思？

庄子说：虎狼也父子相亲，怎么不仁！

太宰说：那么请说说，什么是至仁。

庄子说：至仁无亲。

太宰说：荡听说，无亲就不爱，不爱就不孝。说至仁不孝，可以吗？

庄子说：不可以。至仁高不可及，"孝"这个字还不足以形容它。这不是说"太孝"了，而是说"还不够孝"。往南走，到了楚都郢城，朝北一看，望不见冥山，为什么呢？离得太远了嘛。所以说："敬心去孝，容易；爱心去孝，困难。爱心去孝，容易；忘掉亲人，困难。忘掉亲人，容易；让亲人忘掉我，困难。让亲人忘掉我，容易；同时忘掉天下，困难。同时忘掉天下，容易；让天下同时忘掉我，困难。"连尧、舜的美德都不要挂在嘴上、写在脸上、记在心上、行在地上，好处延续到千秋万代，天下谁都不知道，哪里还用得着长吁短叹大谈仁孝呢！孝悌仁义，忠信贞廉，这都是拿来自勉、拿来自修的，不值得夸奖。所以说："最尊贵的人，朝廷高爵都不要；最富裕的人，倾国财富都不要；最理想的人，一切名誉都不要。"所以，道是不变的。

♫第十九章

　　绝圣弃智，民利百倍；绝仁弃义，民复孝慈；绝巧弃利，盗贼无有。此三者以为文，不足，故令有所属：见素抱朴，少私寡欲，绝学无忧。

┃ 试译 ┃

　　放下圣贤名，扔掉小聪明，百姓会好过百倍；放下小仁慈，扔掉哥们气，百姓会重新孝慈；放下小花招，扔掉大财宝，盗贼会人间蒸发。办了这三件事，作为文化建设，还是不够，所以还是要有所归属：眼光要素净，心地要纯朴，少一点私情，少一点贪欲，绝不学权谋，绝不操闲心。

┃ 试注 ┃

　　▲绝：废除。

▲弃：抛弃。

▲复：恢复。

▲三者：圣智、仁义、巧利。

▲盗：窃贼。

▲贼：强盗。

▲文：文饰，巧饰。

▲属：归属。

▲素：没有染色的丝绸，比喻洁白纯净。

▲朴：未加工的原木；又"朴"通"璞"，含玉的矿石，"朴""璞"都比喻天真淳朴。

▲少私：或作"少思"。

| 体会 |

绝圣弃智，并不是不要圣人，而是需要真正的圣人，需要名副其实、有实无名的圣人，不要假仁假义、徒有其名的圣人。真圣人，非常好的。老子多处推举圣人说——

"是以圣人终日行不离辎重。虽有荣观，燕处超然。"（二十六章）"是以圣人常善救人，故无弃人；常善救物，故无弃物。"（二十七章）"是以圣人抱一为天下式。"（二十二章）"是以圣人为腹不为目，故去彼取此。"（十二章）"是以圣人后其身而身先，外其身而身存。"（七章）"圣人不仁，以百姓为刍狗。"（五章）"是以圣人处无为之事，行不言之教……"（二章）"是以圣人为而不恃，功成而不处，其不欲见贤。"（七十七章）

真圣人，是雷锋叔叔，好事悄悄做，决不敲锣打鼓。庄子赞成雷锋叔叔，不赞成宣传雷锋叔叔。庄子说，雷锋叔叔是天下第一宝剑，不能亮出来让天下人看见。所以，应该让雷锋叔叔保持原样，不让人知道，不让聪明人为了得表扬去抢着学雷锋，这样就不会出现窃国大盗。——"彼圣人者，天下之利器也，非所以明天下也。故绝圣弃知，大盗乃止……"（《庄子·胠箧》）

就是说，不要刻意。刻意做好人，这好人就有点那个了。《庄子·刻意》说——

♪刻意尚行，离世异俗，高论怨诽，为亢而已矣。此山谷之士，非世之人，枯槁赴渊者之所好也。语仁义忠信，恭俭推让，为修而已矣。此平世之士，教诲之人，游居学者之所好也。语大功，立大名，礼君臣，正上下，为治而已矣。此朝廷之士，尊主强国之人，致功并兼者之所好也。就薮泽，处闲旷，钓鱼闲处，无为而已矣。此江海之士，避世之人，闲暇者之所好也。吹呴呼吸，吐故纳新，熊经鸟申，为寿而已矣。此道引之士，养形之人，彭祖寿考者之所好也。若夫不刻意而高，无仁义而修，无功名而治，无江海而闲，不道引而寿。无不忘也，无不有也。淡然无极而众美从之。此天地之道，圣人之德也。

翻成白话就是——

♪苦心练功，铆劲修行；独孤一剑，脱离群众；高谈阔论，怨天尤人，是阳亢病。这叫作山谷之士，愤世嫉俗派，是那些形容憔悴、讨厌闹市、留恋山水的人喜欢的。满嘴仁义道德，满篇忠贞信用，应答唯唯诺诺，举止恭恭敬敬，是学问病。这叫作平世之士，书生教师爷，是那些到处游学留学的人喜欢的。开口就是建功立业，动步就要青史留名，竭诚礼敬君臣百官，精心梳理朝野关系，是管理病。这叫作朝廷之士，尊君强国团，是那些合纵连横好大喜功的人喜欢的。溜达到河池边，闲呆在旷野里，钓钓鱼，玩玩牌，是无聊病。这叫作江海之士，避世隐居帮，是饱食终日无所用心的人喜欢的。深深吸气，轻轻呼气，吐故纳新，熊一样走路，鸟一样伸腿，是贪生怕死病。这叫作导引之士，延年益寿派，是希望像彭祖一样长寿的人喜欢的。假如不用深山苦练，就有高功夫高素养；不用积德行善，就有大智慧大学问；无需功名爵禄，就能平天下兴万邦；不去江河湖海，就能大自在大逍遥；不用导引辟谷，就能得健康得长寿。没有什么忘不掉的，没有什么做不成的。轻波淡淡起，从心所欲；仙班悠悠下，随风而至。这就叫天地之道，圣人之德。

♫第二十章

唯之与阿（ē），相去几何？善之与恶，相去若何？人之所畏，不可不畏。荒兮，其未央哉！众人熙熙，如享_餐太牢，如春登台。我独泊兮其未兆，如婴儿之未孩_咳（咳 hái）。傫傫（lěilěi）兮若无所归！众人皆有余，而我独若遗_匮（匮 kuì）。我愚人之心也哉，沌沌兮！俗人昭昭，我独昏昏。俗人察察，我独闷闷。澹（dàn）兮其若海，飂（liáo）兮若无止。众人皆有以，而我独顽似鄙。我独异于人，而贵食（sì）母。

| 试译 |

／

"是"和"好"，相差多少？善与恶，差别多大？人应该警惕的，不能不警惕。因为世界真是太大了，简直探不到边！大家嘻嘻哈哈的，好像享受盛宴，好像登台踏春。我呢，自个儿闲在一边，看不出什么名堂，像个小毛孩，笑都不会笑。

失落啊，好像无家可归。大家都主意特多，我呢，独独像个没心没肺的。我真是石头脑瓜木头心啊，浑浑沌沌。世人会双手打算盘，我自己却云里雾里。世人在鸡蛋里挑骨头，我独独囫囵吞枣。真宽心啊，像无边大海碧波荡漾；真自在啊，像长风呼啸来去无踪。大家都有手段，而我独独死不开化，像个乡巴佬。我偏偏和别人不同，最喜欢呆在家里伺候亲娘。

| 试注 |

▲ "绝学无忧" 一句：或调整到第十九章末。

▲ 唯、阿：同为应对语词，差别不大，相当于 "是的" "好的"；差别在于 "唯" 是真心肯定，"阿" 是曲意逢迎。

▲ 荒：广大，无边际。

▲ 熙熙：嘻嘻，纵情游乐。

▲ 牢：古代祭祀或宴享时用的牲畜。牛、羊、猪各一只，叫作太牢；羊、猪各一只，叫作少牢。天子社稷的祭祀和宴会都用太牢，诸侯社稷的祭祀和宴会都用少牢。

▲ 享：飨，宴饮。

▲ 泊：淡泊。

▲ 未兆：无情欲征兆，无思绪起伏。

▲ 孩：咳，小孩笑。

▲傫傫：累累，颓丧。

▲遗：匮，匮乏，缺失；若读 yí，是遗失，和匮相通。

▲沌沌：浑浑沌沌，糊里糊涂。

▲昭昭：明白。

▲昏昏：糊涂。

▲察察：苛察，明察。

▲闷闷：无心，粗心。

▲澹：水波摇荡。"飂"若读为 liáo，则是风声的意思；若读为 liù，就兼有"飘"或"风声""长风声"的意思。

▲有以：有用，有手段。

▲顽：顽璞、粗朴。

▲鄙：鄙朴、无用。

▲似鄙：或作"且鄙"。

▲食：伺候，供养。

| 体会 |

任务布置后，部下答应了。老板难分清楚的，一个是"是"，一个是"好"。听上去差不多。主要是语气、心情心态。语气是对方的，心情是双方的。对方的语气是诚恳的，还是阿谀的？听不出来。这和心情有关系。喜欢阿谀，就听不出

阿谀。不喜欢阿谀，也听不出阿谀。对阿谀麻木，没反应，也听不出阿谀。这三种心态，都是偏心态。偏心态，视而不见其色，听而不闻其声，嗅而不觉其香，食而不觉其味，触而不觉其质，梦而不知其事。见闻觉知，都是偏的，等于不见不闻不觉不知。人家很诚恳的，我听出阿谀，"这家伙，装吧。"要么就没感觉，没反应。人家阿谀，我听出诚恳，或者没感觉。

好和坏，善和恶，老板也难分清楚。好生意，还是坏生意？分不清。好合同，还是坏合同？分不清。好市场，还是坏市场？分不清。精品，还是水货？分不清。有用信息，还是无用信息？真实信息还是虚假信息？分不清。这是最可怕的。是人都怕。人家怕，我也不得不怕。

怕一失足成千古恨啊，市场陷阱盖得宫殿似的，市场机遇稍纵即逝。这市场真是太大了，一眼望不到边。看不出门道，看看热闹。市场调查，没处着手。找调查公司，又隔了一层。

商务千头万绪，老子就抓住一条：孝敬父母。

父母是我们的根。我们是父母生的。父母有"生"意，我们有"投生"意，一拍即合，我们就投生了，亲娘就怀孕了。所以要追本寻源，呆在家里伺候亲娘，练童子九步功，也叫童子九步长寿功。因为我们一孝敬，和父母亲就有感应，交流就畅通，生意就兴隆，从父母到子孙那生生不息的生意，兴隆。孝敬父母，就是安分守己，尽儿女的本分。在父母面前，我们无论多大年龄，都是个孩子，是个童子。这样想，我们童心永驻。孝敬练的是童心。有童心，就长寿。八十岁了还是一份童心，能不长寿。这份孝敬要尽心尽意，那么想父母的时候，孝敬父母的时候，也是这样孝敬，这样想——父母亲啊，是爷爷奶奶外公外婆的儿女啊，父母亲无论多大年龄，在外公外婆爷爷奶奶面前，始终是个孩子啊，是个童子啊。这样一想，父母亲就年轻了，美貌了，健康了。童子功进了一步。然后再往前练，孝敬爷爷奶奶外公外婆。佛家人士说，这样孝敬下去，慎终追远，一代一代往前怀念，回忆，全天下一切人都是我们的父母，甚至一切众生都是我们的爷爷奶奶。那么我们无需平天下，这天下已经和平了，和睦了。道家的功夫，和佛家的相通。老子这一掌，第二十掌，就看得出来。这一掌是练童子功，童子九步长寿功。

老板天天这么练，老板年轻，有童子功。带着整个企业这么练，整个公司都年轻，都有童子功。老板长寿，公司也长寿。有了童子功，就有童心。童心高兴，童心幸福，童心健康，童心智慧。有了这些，还需要什么？不需要了。

童心看事情，不带偏心。他孝敬也不是刻意孝敬，他是天然的喜欢父母。他不高兴了也直言不讳，不一个劲"是"啊，"好"啊，不唯唯诺诺。童言无忌，童心无意。看什么看得准，直指人心，用不着那么多市场调研，掰扯来掰扯去地分析。他是一眼望穿秋水。没有期盼，没有躲闪，没有烦恼，没有麻木。只是这童心无意的一望。

我们有心栽花，童子无意插柳。

我们搞计划经济，童子搞市场经济。

我们对自己拟定规划，童子对自己放开搞活。

♫第二十一章

孔德之容，惟道是从。道之为物，惟恍惟惚。惚兮恍兮，其中有象；恍兮惚兮，其中有物；窈兮冥兮，其中有精；其精甚真，其中有信。自古及今，其名不去，以阅众甫。吾何以知众甫之状哉？以此。

| 试译 |

大德的风貌，是一切顺道走。道这个东西，恍恍惚惚。惚惚啊恍恍，里头有象。恍恍啊惚惚，里头有物。窈窈啊冥冥，里头有精。那精很真，里头有信。从古到今，它的大名传扬不绝，荟萃了天地精华。我凭什么知道天地精华的状况呢？就凭这个道。

▲孔：空，大。

▲惟：纯粹，仅仅，完全。

▲恍、惚：飘忽往来无定，变动不居；南怀瑾先生《老子他说》认为是"心地光明，飘然自在，活活泼泼"。

▲象：法相，形象。

▲物：实物，东西。

▲精：精气，精华，精神。

▲信：信息，证信效验，信用。

▲窈：深远。

▲冥：幽深难测。

▲名：常名，无名之名，强名为道。

▲阅：总聚，汇集；或"察看"。

▲甫：父，初始；美好，精华，博大。

▲众甫：万物初始；天地精华。

| 体会 |

/

道商的商务风格，是一切顺道溜达。道这个东西，商道这个行当，三言两语说不清楚，口干舌燥说不明白。说不清吧，里头还真有点门道。道不明吧，里头还真有点内涵。这内涵很深，门道很多，其中贯穿了一种精神。这种精神，极端的真诚，其中全是信用。所以从古到今，任凭市场潮起潮落，大浪淘沙，这道商的品牌就是冲洗不掉，反而越是洗刷越是亮堂，越是富有，可说是集天下之大成。我们凭什么知道天下之大成在哪里呢？就凭这个道，这个商道，这个道商之道。

道商这个品牌，是经过千锤百炼的，品牌价值不可估量。因为千锤百炼，一般人受不了。因为不可估量，一般人扛不动。因为全是信用，所以取之不尽用之不竭。因为极端的真诚，所以呼风唤雨撒豆成兵，精诚所至金石为开。

♫第二十二章

曲则全，枉则直，洼则盈，敝则新，少则得，多则惑。是以圣人抱一为天下式。不自见（xiàn），故明；不自是，故彰；不自伐，故有功；不自矜，故长（zhǎng）。夫唯不争，故天下莫能与之争。古之所谓"曲则全"者，岂虚言哉！诚，全而归之。

| 试译 |

小事委屈点，大事就成全了；弯路走得多，才学会开直道；有片低洼地，那才能多装水；旧的太破了，新的就快来了；欲望少一点，智慧就开一点；欲望太多了，反而会犯糊涂。所以圣人抱定一个信念不动，成为天下的模范。不自我显示，所以才明显；不自我表扬，所以受表彰；不自己夸功，所以有大功；不自高自大，所以能长大。就因为不争，所以天下没有谁能跟他相争。古人说的"曲则全、枉则直……"，岂能是白说的呢！都是大实话，全部道理都归到这里头。

| 试注 |

▲曲：小，委屈。

▲一：一贯之道，太一之道，太极之道。

▲式：模式，样式，法式；也作栻，即式盘、星盘，古代天文推算占卜的仪器，天盘圆，地盘方。朝廷大出师的时候，太史官（大史）抱着"天时"，即大史抱着"抱式以知天时"（《周礼》简称"抱天时"）的那个天盘、式盘，来随时察知天道的运转，来把握出兵、攻守的时机，判断吉凶。"抱一为天下式"，也可简化为"抱式"。

▲敝则新：陈旧到极点，自然要更新，《老子》十五章所谓"敝不新成"，《周易·系辞下》所谓"穷则变，变则通，通则久"，与此呼应。

▲自见：固执己见。又"见"：如果读 xiàn，就是"现"，"显示"的意思，那么"自见"就是"自现"，"自我显示"，也通。

▲自是：自以为是。

▲自伐：自夸。

▲自矜：自傲。

▲诚：实。

| 体会 |

孔子给《周易》作系辞，看到谦卦，说："劳而不伐，有功而不德，厚之至也。语以其功下人者也。德言盛，礼言恭。谦也者，致恭以存其位者也。"有苦劳不唠叨，有功绩不自得，厚道极了。是说功劳大，反而更加谦下。谦，从德上讲，就是盛大，山一样的；从礼上看，却很恭敬，呆在下位。恭恭敬敬，呆在下面，桩子就站得稳。谦卦是上面一个坤，下面一个艮。坤是地，艮是山。山在地下，地在山上，就是谦卦。放下身段，礼贤下士，三人行必有我师。

大公司，跨国大公司，能够这样对待中小公司，那就天地交泰、财运久长、左右亨通了。小公司呢，也是谦卦，不因为自己船小好调头，创新能力强，就瞧不起大公司，处处和大公司作对；也不要低三下四，跟风走，跟大公司亦步亦趋的。太谦卑了就是骄傲了。所以大公司也不要笼络小公司。大家都忘记谦卑，自然就谦和，才是真的谦卦。都不争什么。不争市场，不争价位，不争项目，不争投资，不争大小，不争快慢，不争高低，不争荣辱，不争面子，不争客户，不争人才。最后连不争也不争，就是说不要装作与世无争的样子，不要争个"不争之德"、争个"不争"的美名，不要怕人家说我爱争，而是敢于用极其猛烈的竞争提高自己，提高对方，这样就能放下一切、无所不争，天下就没有谁能和我们竞争了。也只有毫无竞争心的人，才能抛开一切杂念，毫无顾忌，无所畏惧，爆发出无比惊人的能量，展开不可思议、登峰造极的猛烈竞争。

所以，《易经》一切的卦几乎没有完全吉利的，独独这个谦卦，六爻全都吉利。这要怎么看呢? 过分谦虚就是骄傲。谦卦之所以六爻全都吉利，是因为六爻都正，不偏不倚——地是卑下的，谦卑，现在上行，到了上位，所以亨通，说明卑贱者最高贵，不是故作谦卑，他只管天天向上，勇往直前，就是谦卑。山是艮，高高在上的山，现在却跑到地下。它谦下了，所以也亨通。上下都亨通，上下六爻全都亨通——都是因为得了谦虚的本意。

♫第二十三章

希言，自然。故飘风不终朝（zhāo），骤雨不终日。孰为此者？天地。天地尚不能久，而况于人乎？故从事于道者，同于道；德者，同于德；失者，同于失。同于道者，道亦乐得之；同于德者，德亦乐得之；同于失者，失亦乐得之。信不足焉，有不信焉。

| 试译 |

少说话，自然些。所以暴风刮不了一早上，暴雨下不了一整天。谁做的这些呢？天地。天地尚且不能长久做一件事，何况人呢？所以从事道行的，和道同；从事德行的，和德同；从事失行的，和失同。和道同的，道也乐得和他同道；和德同的，德也乐得和他同德；和失同的，失也乐得和他同失。自己信用不够，就得不到信任。

▲希言：少说，不可说，难说。

▲自然：本然，天然。

▲飘风：暴风。

| 体会 |

这一章，就在开篇四个字：希言，自然。

少说话，自然些。自然，就是天地的运行，种瓜得瓜种豆得豆，就是云开见日，云聚下雨，下完了云散，又出太阳。

禅师悟道了，高兴，道友问："悟到什么了？"

禅师摸摸鼻子，说："原来鼻孔是朝下的。"

凡事有因缘就成，无因缘就散。要想改变财运，就改变因缘。要想保持财运，就保持因缘。除了因缘，就没有天命，没有财运。说死生有命富贵在天，没错，因为这个命这个生死，是我自己世世代代千千万万的行为、因缘凝聚起来的，我自作自受，怎么躲得过去。这财运也是一样，《老子》第八十一章说"既以与人己愈多"，就是布施越多，自己财运越大。我没布施，财运来不了。这就是天，就是自然。死生有命富贵在天，就是每个人的生死在于自然，财运在于自然，在于种瓜得瓜种豆得豆这个自然规律。现代人说，态度决定行为，行为决定习惯，习惯决定性格，性格决定命运。四个决定，说的就是死生有命富贵在天。态度决定一切，态度就是命运。

有人不知深浅，栽了跟头，才老实了。

这时候过来人常说一句话："知道粑粑是米做的了吧。"

以前劝，苦口婆心，怎么劝也没用。

"'粑粑是米做的。'这也算经验？扯。"

这就是态度。

过来人以前也是这态度。别人怎么劝也没用。因为那时候还没过来。别人抱过来，说过来，不能算数。

必须是自己亲自走过来，游过来，冲过来，扛过来。

过来人，必须自己亲自过来，反反复复过来，多摔几跤，摔得鼻青脸肿，才是真过来，才能改变态度。偶尔一次过来还不行，那可能是运气。必须多次反复，把来路完全趟熟了，才能彻底端正态度。

态度改变了端正了，话还是那句老话：粑粑是米做的。

话还是那句话，但是态度不同，就不是一句话了。

态度分为几个类型：信道，信德，不信道德。于是行为也就分为几个类型：信道的修道，信德的修德，不信道德、犹犹豫豫的，他修失。修道的有道，修德的有德，修失的有失。自己不相信这个，做的时候犹犹豫豫，修道的时候三心二意，修德的时候心猿意马，就是在修失，不是修道修得。所以修道不得道，修德不得德，得到的都是失。万般的努力化为乌有，就会埋怨天道不公，就越加不信天道自然，越加修道不诚心，修德不专心，越修越失，最后什么都不信了，也就什么都失去了。这很自然。

商务全在信用。信用就是态度。态度决定一切，用商务语言来说，就是信用决定一切。看我们信不信。不管人家信不信，道商信这个。

有人说，信用就是钞票，就是银行存款，也有点道理。但是，存款要是信用，存款多的信用就多，信用多的就越容易贷款，越容易赚钱，就越有存款，那么这个世界永远是富人的天下，不会富的变穷，穷的变富了。其实，钞票一夜之间会化为乌有，信用岂不是没了。没有钞票的呢，一夜之间大把的钞票来了，信用岂不是有了。这未免太简单了。这钞票怎么来的？怎么去的呢？不问。为什么来为什么去的呢？也不问。银行家要是专看存款来判断信用，这银行家也就差不多了，差不多下课了。2008 年金融危机，就是一个佐证。不管你存款多少，下课。过去不能说明未来，存款并不等于投资，归纳逻辑不保证必然正确，存款不代表钞票干净可靠、"钱景"良好。态度却不同。态度好，存款少，也值得信任。态度就是信用。好态度是高信用，坏态度是没信用。犹豫不决的态度是靠不住的信用。所以风险投资是投人，投人是投态度，投态度是投信任投信心。信心才是信用，存款不是信用。所以，有钱的不可能永远有钱，没钱的不可能永远没钱，暴雨不可能下一整天，飓风不可能刮一早上。富不过三代，穷不过三世，全看我们的态度，看我们的信心，信用，行为，性格。信字虽然是一个人，一个言，但是我们还是少说为好。人言为信，人言就是态度，叫作心语、心声；人言就是举手投足，就是默默做事，叫作肢体语言，行为语言，业绩语言，事实语言，案例语言，叫作人证物证，人的证言，物的证言，叫作事实胜于雄辩。所以说希言，自然。天何言哉，天说了什么呢？天默默无言，然而种瓜得瓜种豆得豆，一切都说明白了。不言而信，就是真言，天道的真言。不签合同而做成生意，是商道的真言，道商的真言。

大多说——

最好的态度是信道，最高的信用也是信道，其次是信德。诚信是可以化成产品和服务的，松下把这个叫作"出售灵魂"，将商品和灵魂一起出售，出售一种活灵活现的商品和服务，充满人性的商品和服务。阿里巴巴的"信通宝"，也是信用技术。企业在阿里巴巴上网做生意，信通宝都有电子记录。什么铺货记录、产品被浏览记录、被询问记录、成交记录啊等等，上万个数据都有可能。在线下可能都记录不到，或者没有那么及时、全面、保藏周密周全，查阅迅速精准。通过信通宝，看企业的守约程度，退货情况，被投诉的情况。

不多：是吗？

大多：在这样的基础上，效法尤努斯小额贷款模式和精神，阿里巴巴启动了"都江堰工程"。尤努斯坚信穷人的信用，阿里巴巴坚信中小企业的信用。尤努斯的目标是"让穷人成为企业家"，阿里巴巴的梦想是"让中小企业没有难做的生意"。他们的信心足，他们信道，也信德，信用就高。所以采用的技术信用高，推出的产品信用也高。中国有4200万家中小企业，可是中国五大银行贷款的大中小企业还不到100万家，空缺太多，市场潜力太大。但是一直没得到开发。

不多：我听说，原因是，根据银行业的巴塞尔协议等防范风险的机制，你没法给这些所谓"信用低"的中小企业放贷。

大多：不过令人惊奇的是，尤努斯给赤贫者做无抵押放贷却获得了巨大成功，为此获得了诺贝尔和平奖。阿里巴巴将尤努斯的乡村银行作为理论基础，在网络技术和信用数据化方面超越尤努斯，有望获得更加伟大的成功——前提是，他们具备尤努斯同样的信念和持续不断的激情。

不多：尤努斯的信念是穷人的信用。阿里巴巴的信念，我想应该是中小企业的信用吧？而这一点，据说阿里巴巴通过反复的研讨和摸索，逐步建立了自信，知道用网络技术解决企业信用问题，其实非常容易，一旦做成，又极其透明。

大多：我看没这么简单。

不多：2009 年 9 月，阿里巴巴的 CEO 马云联手尤尼斯，以主要合作伙伴的身份参与建设中国的乡村银行，首期投资 500 万美元，创建中国的格莱珉信托基金，成立格莱珉中国，帮助中国最贫困的居民在网上做生意。

大多："格莱珉中国"将按照社会企业的精神来运行，这是尤努斯创建的格莱珉银行的根本性质决定的。这个根本性质，就是对穷人信用的坚信。这种坚信，构成了格莱珉银行最根本最坚挺最可持续的信用。一般的银行"信不足焉，有不信焉"，所以做不成这类项目。大信不约，格莱珉中国对贫困者的贷款，也将无需抵押，不签合同。

♫第二十四章

企者不立；跨者不行；自见者不明；自是者不彰；自伐者无功；自矜者不长。其在道也，曰"余食，赘形"，物或恶，恶（wù）之，故有道者不处。

| 试译 |

踮起脚尖的，站不长久；步子太大的，走不长久；固执己见的，太不明智；自以为是的，不明是非；自己夸功的，没有功劳；自高自大的，不会长大。这些毛病，在道行中叫作"吃多了消化不良，想多了头上长头"，是经不起诱惑，怪难受的，所以有道之士不这样做。

| 试注 |

▲企：踮起。

▲跨：迈大步。

▲自见：这个见，这里直接当作"见"，而不是"现"，为的是换一个角度翻译，意思相通。

▲不长：即"不能成长"。

▲其在道也：或作"其于道也"。

▲余食：吃得太多，郁食了；残羹剩饭。

▲赘形：身体上多余的东西。

▲物或：物惑，外物诱惑。

▲恶（wù）：厌恶，难受。

| 体会 |

道商对这一章的体悟，各不相同。

太多说：这一章，是企业家的座右铭。第一个字：企。第一句话：企者不立。这是企业家的定义。

不多：新鲜。怎么定义的呢？

太多：一个人在上头，一个止在下面，就是企。止是趾，脚趾。这个人脚趾着地，脚跟抬起来，企望远方，叫作企。看看甲骨文——

再看看金文——

再看看小篆——

不多：很好看的。古汉字真美啊。

太多：一个企业家，不要老是踮起脚站着，企望远方。

不多：站几下就累了。

太多：踮起脚站，站不稳，站站就累了。企业家不要老是在那里企望，渴望，老是在那里展望未来，做远景规划，搞共同愿景。企业家主要靠做事。踮起脚来往远处一望，然后脚踏实地赶路，跑生意。所以这个止，第二个意思，就是止，脚踏实地，止于至善。踮起脚尖来，看准了，就脚踏实地，做事。脚踏实地，站稳了，企业就立住了。企者不立，不企者立。还有一个意思：人止为企，止人为业，办企业靠人，靠有定力的人。止就是定，有定力，有内功，专注，精诚。

不多：企者不立，不企者立。这应该是第一个意思吧。不踮起脚来看，怎么看得清远方呢？脚踏实地，可能走错道，那更有风险。

太多：是的。但你不能老是踮起脚看，成本太高，也看不准。你脚踏实地走一段，找个好位置看，可能看得更准。那样成本也低。踮脚看，成本太高。

不多：搞策划，成本的确高。研究所的成本，战略策划部的成本。

太多：所以很多企业把战略策划部的成本分散了，各个重要部门都有战略策划部的成员，兼职的。他们脚踏实地做事，边做边琢磨战略，有时候踮起脚来瞭望一下，接着做事。踮起脚在岸上瞭望一下，然后摸着石头过河。但是岸上还是有瞭望的。他们和水里的相互照应，互通信息。岸上的看个大概，水里的亲身体验水情，瞭望和摸索结合，策划和实验结合，理论和实践结合，战略和战术结合。很多战略都是摸索出来的。否则，就是纸上谈兵了，成了一个企者，一个企业家。

不多：但是，走路步子太大，也累，走不远。

太多：跨者不行，但是比踮脚还是轻松一点，持久一点。

不多：现在讲究速度，快鱼吃慢鱼。"跨者不行"可能不行吧？

太多：兵贵神速，是吧。

不多：是啊。

太多：那是孙子兵法［《孙子兵法·九地》原文为"兵之情主速"］。用兵的本质，在于迅速，不是老子兵法。

不多：老子兵法怎么讲？

太多：老子兵法，兵贵无速。

不多：不明白。

太多：《老子》第六十九章说，"行（xíng）无行（háng），攘无臂，扔无敌，执无兵。"行军没有队伍，出手没有胳膊，开战没有敌人，握掌没有兵器。

不多：用兵没有速度。

太多：兵无速。

不多：有味道。

太多：你老是讲快，不行的。当快就快，当慢就慢，不要定死。"兵无常势，水无常形"，兵无常速，"能因敌变化而取胜者，谓之神。"[参见《孙子兵法·虚实》]。所以，神是变化莫测的意思。神速就是无速，神妙莫测。可以藏于九地之下，静如止水，以逸待劳；也可以动于九天之上，行如闪电，出其不意。孙子兵法没错。可能我们理解错了。以为神速就是快，快得无法想象，迅雷不及掩耳。

不多：任何速度都可以玩，沙场神游。

太多：一万年太久，只争朝夕。一万年太短，岂争朝夕。

太多：企业家不是企业家，不是企业家才是企业家。企者不立，立者不企。欲速则不达，欲达则不速。固定一个速度，就是破绽，是多此一举，余食赘行，是头上安头，骑驴找驴。

第二十五章

有物混成，先天地生。寂兮寥兮，独立而不改，周行而不殆，可以为天下母。吾不知其名，强字之曰道，强为之名曰大。大曰逝，逝曰远，远曰反。故道大，天大，地大，人亦大。域中有四大，而人居其一焉。人法地，地法天，天法道，道法自然。

| 试译 |

有个东西是混合而成的，比天地还先生。寂静啊空虚啊，独自存在，从来不变，周而复始，运行不止，可以做天下的母本。我不知道它叫什么，勉强取个字叫作道，勉强取个名叫作大。大就能走，走就能远，远就能回。所以道大，天大，地大，人也大。世界中有四大，而人是其中之一。人效法地，地效法天，天效法道，道效法自然。

/

▲（先天地）生：不生而生，强名为生，所以独立不改，永远不变而变化无穷（周行不殆）。

▲殆：停止。

▲母：创始者。

▲曰（逝）：则，就。

▲大：不大不小。

▲逝：流逝，走开，走远。

▲域：范围，世界。

▲法：效法。

| **体会** |

/

搞企业的，能够像老子这样追根溯源的，恐怕不多。凡事回归本源，立足本源，根深叶茂，天长地久。

一定要追溯到天地创造之前，一定要有创世纪的情怀，要有开天辟地的气势。

开天辟地的时候，一切都是混成的。老板是员工，员工是老板，分不清。一起混。混久了，才慢慢分开。

不但老板和员工混，各类业务也混在一起，各个部门混杂不清。因为人少，兼职多，搞财务的，没什么账可做，兼管煮饭，兼管卫生，都可能。搞维修的，全能，什么电工、木工、砖瓦工、机械工、电子维修，没有不干的。不会就边干边学。那时候公司还没有成型，有几个人，只能混，没法分清楚。就一个老板，总经理也是他，战略策划师也是他，研究所所长也是他，开发部部长也是他，董事长也是他，市场营销也是他。My God，我的天。真是先天先地，分不清哪是天，哪是地。就是混蛋一个。

创业伊始，的确就是混蛋一个。一切蛋，开头都是混蛋。没见过鸟蛋的，见过鸡蛋。打开鸡蛋，看得见哪是鸡翅哪是鸡头哪是鸡尾巴哪是鸡肫鸡心哪是鸡胸脯鸡脖子鸡三足［鸡三足，这里当作笑话。原本是战国时代的惠施搞出的一个命题，参见《庄子·天下》］？看不清。只看得清哪是蛋黄哪是蛋清哪是蛋壳，其余全都混在一起，没个机型（鸡形）。

这个时候，我们千万不要着急。一着急，打开来看，完了，什么也看不清，鸡头鸡尾全都没有。完了，炒了吧。

这个时候，什么也不要管，要沉着，要稳重，稳稳当当把混蛋放在那里，给点温度，不要凉，不要热，温温的。好像炒菜烧锅，刚点火，火势不要太大，免得冒烟免得炸锅。也不要太小，免得久久见不到热度，提不起神，烤不出锅味。锅味很重要的。先要出点锅味。孵小鸡也一样，先把混蛋稳住，温起来，安安静静，小窝空空荡荡的，寂兮，寥兮。独立而不改。

独立而不改，不容易。当然，孵好多天了，还不见动静，会着急。可以点灯看。把鸡蛋举起来对着灯光，看看还是不是混蛋。不要打开来看。对着灯光看，里头有动静有变化，就有戏。里头它自己唱戏，出演《雏凤孵化记》也不管。我们不要做导演，不要做演员，只做舞台设计就可以了，搭个台子，让它们自己导自己演。不要干预导演过程出演过程。但是我们做观众，看到戏没唱好，知道彻底混蛋了，就换戏班子。否则，戏班子选得好，鸡蛋挑得准，就不用干预了，随它们混去。混着混着，自然分工，自然分出了鸡翅鸡头鸡尾鸡胸脯鸡三足，搞财务的也不再煮饭了。

但是公司大了，还得混，继续孵化小鸡。否则定型了，就走下坡路。混是一辈子的事。混一辈子，不容易。混一辈子，就是创业一辈子，永不停步。混的好处这么大，是人年轻的一个标志。看企业是不是年轻，是不是虎虎生气，就看还有没有一股子混劲儿，一股子混蛋劲儿。有物混成，先天地生，那是培养大才的，培养帅才的，培养全才的，培养通才的，培养天才的。天才就是创业者，就是开天辟地的创世主，My God。不管什么业务，胡子眉毛一把抓，打破专业行业的任何限制。因为人少事多嘛。创业就是这样，就是混。公司大了，分工细了，定位死了，活力也就少了。所以我们得趁着公司还没做大，赶紧混。不然就来不及了。井井有条之后，按部就班，少了很多活力很多乐趣，离死期也就不远了。

当然也不是都这样等死。为了防止老化，一些公司一开头就定下公司哲学：混。就是搞孵化器，把公司办成孵化器。始终留出一个地方，孵化新产品新业务新公司新模式新品牌。这是长寿公司的搞法。做孵化器，为天下母。

企业家在一起，问：最近做什么啊？

答：混呗。

这就有戏。

你没法给它取个名字，勉强就叫作做生意，叫作搞开发，叫作创业，叫作当老板，勉强叫作道商，口口声声做大做强呗。其实就是混。混日子呗。其实做大做强就是混。不混，做不大。不混，分得太细，就小了。混，就大了，打破分界，穿墙过壁，闯关东，开天辟地。都是自动化的，自然而然的，不是规划好的，所以也没法定名。定名为混，也不行。因为很久不见，见了面，总得说点什么，混呗。不要当真。以为我真的在混，以为我真的不在混，以为我真的也混也不混，以为我真的非混非不混。总想给我定个位，取个名，辛苦你了，老兄。

为什么？

孵化器老总母机告诉他的老朋友枭击说：鸡蛋不是混蛋。基因学研究，肉眼看不见鸡蛋里头的鸡头鸡尾鸡胸脯，但是显微镜下看得清基因的排列。基因的排列，都是井井有条各就各位的，哪一段基因管鸡头发育，哪一段基因管鸡尾发育，哪一段基因管总体协调，都是清清楚楚，井然有序的。这个叫作基因组，是未来发育成熟的生命体的发育图谱，一本天书，上帝之书，天经地义。

枭击：My God！

沉默了一会儿，枭击又问：基因组怎么来的？创世纪的时候就有吗？从来就有鸡吗？鸡生蛋，还是蛋生鸡？

那，最初，可能也是混吧——母机摇摇头，说——鸡生蛋还是蛋生鸡，这个问题忘记了问环境，问生物的生活环境。问题混乱不堪，把生物和环境两个方面的关系问题混成了生物单个方面的问题。

枭击：My God！

这时，母机忽然随口说道——曾经有人认为生物天生就是自私的，有本书就叫作《自私的基因》。但是基因组计划一个接一个开展后，以色列有科学家声称发现了无私的基因，专门管生物无私行为的基因。天地良心！不分你我，我为你献身！混吧。

枭击：My God！

♫第二十六章

重为轻根，静为躁君。是以圣人终日行，不离辎重；虽有荣观，燕处超然。奈何万乘（shèng）之主，而以身轻天下？轻则失本，躁则失君。

| 试译 |

稳重，就树大根深，轻风摇不动；清静，就君临天下，躁动乱不了。所以圣人整天走路都带着行李，很稳重；虽然风光无限、洋洋大观，却悠然自得、超然物外，很清静。为什么一代天子，却轻视自己修身，误了天下大事呢？轻慢会亏掉血本，浮躁会失去自我。

| 试注 |

▲重：根本，主宰。

▲轻: 枝叶，随从。

▲君: 君主，自我，主宰，统治。

▲辎重: 行李包裹；粮草军需。所谓"兵马未动粮草先行"，所谓"民以食为天"。

▲荣观: 大观，大气派。

▲燕处: 宴处，闲处。

▲万乘之主: 皇、帝。

▲身: 轻身。轻视自身，轻视自己的生命，忽视修身。

▲以身轻天下: 以轻身轻天下，像轻视修身、荒废生命那样荒废天下、耽误天下。

▲失本: 或作"失根"。

| 体会 |

/

现在爱讲核心竞争力。

什么是核心竞争力? 竞争二字，已经有偏差。所以有人只讲核心能力。英语 core competence，有人翻译为核心能力、核心才能。把竞争两个字去掉了。才能和能力，可能是竞争力，也可能是合作力。它们组合为一个单一的竞合力，cooperation and competition，简称 co-opetition。核心竞合力，就应该是 core co-opetition。

单纯竞争，有毛病，单纯合作，也有毛病。所以才提竞合力。但是，竞争可能是厮杀，合作可能是勾结，竞合可能是厮杀又勾结。不厮杀不勾结的竞合力，才是安全的，和谐的，健康的，幸福的，划得来的，经济的，有效益的。

还要可持续，长寿，生命力繁殖力强。

这些因素加起来，可以成为核心竞合力。

道商的核心竞合力，可以在这一掌中体悟。这一掌有个词：身。我们可以悟出修身二字，作为核心竞合力的道商定义。这一掌，说的就是这个拳路。

要稳重。稳重就是核心竞合力的表现。无论生意多大，不趾高气扬，稳重。

要清静。清静就是核心竞合力的状态。无论生意多小，不手忙脚乱慌里慌张坐卧不宁，清静。坐得住，自己做得了主。

修身是道商的核心竞合力。修身是跟自己竞争，跟外面休战，讲和平。外面的一切，都是我修身的资源和环境，而且完完全全不用我投资，我建设，我努力。是天然的，上天恩赐的修身大环境，大学院。它一会儿把你打入十八层地狱，一会儿把你捧上九层云天，一会儿把你晾在一边，不理不睬，任你怎么蹦跶怎么嚎叫，一概不理睬。所以，道商修炼核心竞合力的环境，是最好的，最经济的。道商学院无所不在，分文不费。道商最有福。道商知道，企业人力资源培训，是最花钱的。所以道商偷着乐，敞开乐。怎么都是乐。

虽然如此，"虽有荣观"，虽然这么富态，还是"燕处超然"，两袖清风，看不出是个富豪。只管练功。不觉得自己有什么特殊，得了老天什么特殊照顾。觉得天道公平，每个人遇到的环境都是一样的，都有这么好。问题是看我们自己知道不知道，利用不利用，浪费不浪费。就是浪费，也是我们以为在浪费。天道本身是一点都不浪费的，它在磨砺我们，天天磨，磨刀不误砍柴工，从不亏本。

老多的《管理笔记》有句话：没有亏本的买卖。

不多的座右铭也是一句：买卖公平。

太多解释说：买卖公平，是说任何买卖都是天意，都合天道，都绝对公平。不生不灭，不垢不净，不增不减。所以大家都是道商。道商是个名。

不多对此不置可否。

老多说，太多说的太多了。

第二十七章

善行无辙迹，善言无瑕谪（zhé），善数不用筹策，善闭无关楗而不可开，善结无绳约而不可解。是以圣人常善救人，故无弃人；常善救物，故无弃物。是谓袭明。故善人者，不善人之师；不善人者，善人之资。不贵其师，不爱其资，虽智大迷。是谓要妙。

| 试译 |

会驾车，路上不留车轮印；会说话，听了不觉口才好；会算数，不用计算器；会关门，不用闩子闩住也打不开；会打结亲，不用绳子捆住也拆不散。所以圣人总是有办法起死回生，不会拉下哪个受难的不管；总是有办法点石成金，不会丢下哪块碎石子不用。这叫作人尽其才物尽其用。所以先进是后进的师傅；后进是先进的帮手。不尊重师傅，不爱护帮手，就算有点小聪明，也是大糊涂。关键在这里，奥妙在这里。

▲瑕谪：漏洞，缺点，过失。

▲筹策：古代计算方法之一，用刻有数字的竹筹来计算数目。

▲关楗：门上关插的木条，横的叫"关"，竖的叫"楗"。

▲结：结交。

▲绳约：绳子和条约。

▲物：万物，事物。

▲袭：承袭，因袭。

▲袭明：开发每人固有的明德，因材施教；开发万物固有的潜能，点石成金。

| **体会** |

/

傻人有傻福，媳妇自己进屋。用绳子捆个媳妇进来，她心里不服。口服心服，心悦诚服，靠拜师，靠人人为师，靠开发师资。先进一步的，是"善人"，好人，老师；后进一步的，"不善人"，不好的人，是助教，帮手，资本，资助，资源，资财，资粮。师资师资，无论是谁，都是我们的师资。老子修道，道家的教育学，师资不缺，到哪里都是学校，都有师资，都可以拜师学道。自己也是师资。自己表现好，是自己的老师；自己表现不好，是自己的帮手，反面教员。自己成功了，是自己的老师；失败了，是自己的反面教员，好助教。好人不是坏人的敌人，好人不恨坏人，恨也是恨铁不成钢。好人是坏人的老师，爱护坏人，引导坏人上正道，借助坏人来修炼自己，提醒自己，反省自己："见不贤而内自省也。"（4.17）坏人最终也是见贤思齐的，学好的，所以也不是什么坏人，只是后进一步，慢走一步。

道商学院没有校园，不聘师资，不招学生，不搞开学典礼毕业典礼，不出考卷，不给学分，也不开课，也没有教材。没有教授，没有学位。也不赚，也不赔，绝对公平。就这样学做生意。你不做生意都不行。因为道就是生意。道生一，道生意，不是你想做不想做的问题。

道生一，一生万物。

道生意，意生天下。

♫第二十八章

知其雄，守其雌，为天下溪。为天下溪，常德不离，复归于婴儿。知其白，守其黑，为天下式。为天下式，常德不忒（tè），复归于无极。知其荣，守其辱，为天下谷。为天下谷，常德乃足，复归于朴。朴散则为器，圣人用之，则为官长。故大制不割。

| 试译 |

真懂得雄强，会守住雌柔，做天下溪流。做天下溪流，美德常在，不离自身，回归到婴儿状态。真懂得白道，会守住黑道，做天下模范。做天下模范，美德常在，一点不差，回归到无极状态。真懂得荣耀，会守住耻辱，做天下深谷。做天下深谷，美德常在，一切俱足，回归到纯朴状态。纯朴弥漫开来，就是神器，圣人用它，成为君王。所以大制作啊，不用刀子切、斧头砍的。

▲溪：溪壑，沟溪。

▲知其白，守其黑：黑白善恶美丑荣辱雌雄强弱都是相对的，互生互克的，对立统一的，如太极图，要不分而分，分而不分。

▲式：程序，模式。

▲忒：差错。

▲朴：本义为未加工的木材，这里指事物本原、大道。

▲官长：百官之长，君王。

| **体会** |

复归于婴儿，是老子的精华。

老了也要返老还童。

传说，老子生下来就是老子，生下来就是老人，一脸的胡须，满脸的皱纹，头发全白，眉毛全白。

老子的使命就是返老还童，复归于婴儿。这是老子的启示，整本《老子》启示我们人类的使命，每个人的使命，历史的轨迹。历史就是从老子变成孩子的过程，个人的历史，人类的历史。

每个人生下来都是老子，满脸的皱纹。

每个民族生下来也是老子，满脸皱纹。

老子，无论个人的老子，还是民族的老子，都要复归于婴儿，老老实实复归于婴儿，然后永远也长不大，永远是文殊师利童子菩萨，永远是老老实实的孩子。为什么老子也叫老莱子？因为，一个老人来做孩子，暗示所有的老子都来做孩子，所有的爷爷奶奶都来做孩子，还要老来"得"子——老来"变成"好孩子。老莱子，就是老来子，老顽童。

老子老子老实孩子，老子老子老是孩子。老子是小朋友。

几百岁，还是小朋友。几千岁，还是小朋友。几万岁，还是小朋友。

老子的魅力在这里，生命力在这里。天天复归于婴儿，天天归零，天天"无眼耳鼻舌身意，无色声香味触法"，乃至天天"无老死，亦无老死尽"。

长寿企业，实质是小朋友企业，天天创业的企业，是老子企业，老子天下第一企业。

不多对此深有感悟。在一次世界道商大会上，不多专门摘录了佛陀的《大般涅槃经》[上海古籍出版社，1991年，第112—113页]，摘录其中的《婴儿行品第九》，介绍给大家——

♪善男子，云何名婴儿行？善男子，不能起住、来去、语言，是名婴儿。如来亦尔。不能起者，如来终不起诸法相。不能住者，如来不着一切诸法。不能来者，如来身行无有动摇。不能去者，如来已到大般涅槃[即大涅槃，究竟涅槃，彻底涅槃，彻底解放。涅槃：不生不灭，圆寂，解放]。不能语者，如来虽为一切众生演说诸法，实无所说。何以故？有所说者，名有为法。如来世尊非是有为，是故无说。又无语者，犹如婴儿，语言未了，虽复有语，实亦无语。如来亦尔。语未了者，即是诸佛秘密之言。虽有所说，众生不解，故名无语。又婴儿者，名物不一，未知正语。虽名物不一，未知正语，非不因此而得识物。如来亦尔。一切众生，方类各异，所言不同。如来方便，随而说之。亦令一切因而得解。又婴儿者，能说大字［据经文，当是指含义捉摸不定、广大深奥的字，比如咒语中的字，婴儿说的字。大是什么？名可名，非常名，勉强名叫大；所谓大，即非大，是名大］如来亦尔，说于大字，所谓婆啝（hé）。啝者有为，婆者无为。是名婴儿。啝者名为无常，婆者名为有常。如来说常，众生闻已，为常法故，断于无常，是名婴儿行。又婴儿者，不知苦乐、昼夜、父母。菩萨摩诃萨［菩萨全称是菩提萨埵，是道心众生，上求菩提下化众生。摩诃萨全称摩诃萨埵，摩诃是大，萨埵是众生。摩诃萨是大心、大有情、想做佛的大众生。总起来，菩萨摩诃萨，是大道心众生，大菩萨］亦复如是，为众生故，不知苦乐，无昼夜相［事物的相状，表现在外面，想象在心里］；于诸众生，其心平等，故无父母亲疏等相。

又婴儿者，不能造作大小诸事。菩萨摩诃萨亦复如是。菩萨不造生死作业，是名不作。大事者，即五逆［五逆罪，五种极端背理的罪恶，即杀父、杀母、杀阿罗汉、出佛身之血、破和合之僧。这五种极端罪恶的行为，是按从轻到重的次序排列的，所以相对而言，杀父较轻，破和合僧最重。但由于都是极端罪恶，所以触犯任何一种，都会堕入无间地狱］也。菩萨摩诃萨终不造作五逆重罪。小事者，即二乘心。菩萨终不退菩提心而作声闻辟支佛乘。又婴儿行者，如彼婴儿啼哭之时，父母即以杨树黄叶而语之言："莫啼莫啼，我与汝金。"

婴儿见已，生真金想，便止不啼。然此杨叶，实非金也。木牛木马木男木女，婴儿见已，亦复生于男女等想，即止不啼，实非男女。以作如是男女想故，名曰婴儿。如来亦尔。若有众生欲造众恶，如来为说三十三天［也即忉利天，汉译三十三天，是欲界六天中的第二重天，其宫殿在须弥山顶，天主名释提桓因，也叫帝释天，住在中央，他有三十二个天臣，分居忉利天的四方，连他自己的宫殿，共有三十三个天宫，所以叫作"三十三天"。这忉利天一昼夜，是人间一百年。佛陀的母亲摩耶夫人在悉达多太子出生后七天去世，升上忉利天］常乐我净［即涅槃四德：常德，乐德，我德，净德。常，是说涅槃之体，恒常不变，没有生灭；乐，是说涅槃之体，永远寂灭、安闲、受用、无丝毫的烦恼；我，是说涅槃之体，得大自在，没有丝毫的束缚；净，是说涅槃之体，解脱一切的污染，非常清净。这涅槃四德，是破除了四倒之后而获得的。四倒有两种。一种是凡夫说的常乐我净，其实是四倒，四种颠倒的见解——常倒，我倒，净倒，乐倒——把生死轮回中的无常无乐无我无净当作常乐我净。第二种，是二乘的四倒：把佛陀涅槃的常乐我净，也看作无常无乐无我无净。断凡夫的四倒，是二乘。断二乘的四倒，是菩萨］端正自恣，于妙宫殿受五欲乐，六根所对无非是乐。众生闻有如是乐故，心生贪乐，止不为恶，勤作三十三天善业，实是生死无常无乐无我无净。为度众生，方便说言常乐我净。又婴儿者，若有众生厌生死时，如来则为说于二乘。然实无有二乘之实。以二乘故，知生死过，见涅槃乐。以是见故，则能自知：有断不断，有真不真，有修不修，有得不得。善男子，如彼婴儿于非金中而生金想，如来亦尔，于不净中而为说净。如来已得第一义［究竟的道理，最高的真理。又名第一义谛、圣谛第一义、胜义谛、真谛、涅槃、真如、实相、中道、法界]故，则无虚妄。如彼婴儿，于非牛马作牛马想。若有众生，于非道中作真道想，如来亦说非道为道。非道之中实无有道。以能生道微因缘故，说非道为道。如彼婴儿，于木男女生男女想，如来亦尔，知非众生，说众生想[一种妄想，以为真的有众生]，而实无有众生想也。若佛如来说无众生，一切众生则堕邪见。是故如来说有众生。于众生中作众生想者，则不能破众生想也。若于众生破众生想者，是则能得大般涅槃。以得如是大涅槃故，止不啼哭，是名婴儿行。

善男子，若有男女受持[领受，修持]读诵书写解说是五行[上面讲的五种婴儿行——不能起，不能住，不能来，不能去，不能说话]者，当知是人，必定当得如是五行。

迦叶菩萨白佛言：世尊，如我解佛所说义者，我亦定当得是五行。

佛言：善男子，不独汝得如是五行。今此会中九十三万人，亦同于汝得是五行。

不多朗读完了，大家建议她用汉语白话翻译一下，因为世界道商大会，很多人来自兄弟国家，多数对汉语不熟练。不多早有准备，因为对外汉语教学，早就是不多集团的核心业务之一。她马上朗诵了白话《大般涅槃经·婴儿行品第九》——

♪善男子，为什么名叫婴儿行？

善男子，不能起住，不能来去，不能说话，名叫婴儿。如来也是这样。

所谓不能起，是说如来根本不起各种法相。

所谓不能住，是说如来不着一切诸法。

所谓不能来，是说如来身心毫不动摇。

所谓不能去，是说如来已到大般涅槃。

所谓不能语，是说如来虽为一切众生演说各种佛法，实际上什么也没说。为什么呢？因为凡是有什么说的，都是有为法。如来世尊不是有为，所以没什么说的。还有，所谓无语，就好比婴儿，还不懂语言，嘴上虽然说话，实际上等于没说。如来也是这样，他有些话啊听不懂的，那都是诸佛的密码。虽然嘴上也说，众生却听不懂，所以名叫无语。还有，所谓婴儿，他叫事物的名称，都不统一的，他还不懂得正语。虽然他叫事物的那些名称都不统一，不懂得正语，却不能不因此而认识天下万事万物。如来也是这样，虽然一切众生种类各异，语言不同，但是如来有各种方法，采用各类众生的语言说话，让一切众生都听得懂。还有，所谓婴儿，能说大字。如来也是这样，能说大字，也就是所谓的"婆呵"。呵（hé），是有为，婆，是无为。这就名叫婴儿。呵，名叫无常，婆，名叫有常。如来说常，众生听了，就为这个常法，把无常法断掉。这就名叫婴儿行。

还有，所谓婴儿，是不知道苦乐、昼夜、父母的。菩萨摩诃萨也是这样，为了解放众生，不知道什么苦乐，不考虑白天黑夜；对一切众生，都平心相待，不考虑是父是母，谁亲谁疏。

还有，所谓婴儿，是不能去做各种大事小事的。菩萨摩诃萨也是这样。菩萨不做生死作业，这就叫作不做。所谓大事，就是五逆大罪。菩萨摩诃萨根本不会犯五逆大罪。所谓小事，就是二乘心。菩萨根本不会退菩提心，不会后退到声闻乘、辟支佛乘去的。

还有，所谓婴儿行，就好比婴儿哭哭啼啼的，父母就拿着杨树的黄叶子哄他说："莫哭莫哭，我给你黄金。"婴儿一听，就以为真是金子，马上不哭了。可是这金黄的杨叶，其实不是金子。父母也常常拿木牛木马木男木女这些玩具来哄，婴儿一看，也以为真的是牛是马是男人女人，马上不哭了，其实并不是真牛真马真男真女。因为有这样的牛想马想男想女想，就名叫婴儿。如来也是这样。假如有众生想做坏事，如来就给他讲三十三天各位大仙如何如何的常乐我净，如何如何的美妙端正，其乐融融，在美妙天宫中如何尽情享受五欲快乐，眼耳鼻舌身意这六根遇到的全是快乐。众生一听有这等的快乐，就起了贪心，马上停止做坏事，赶紧修行能升三十三天的善业，其实呢，都还在生死轮回中，还是无常无乐无我无净。为了解放众生，找个方便说法，就说是常乐我净。

还有，所谓婴儿，就是说假如有众生讨厌生死轮回，如来就给他说二乘佛法。其实，并没有什么二乘不二乘的。因为众生听到二乘，就知道生死轮回的错误，体会到涅槃的快乐。因为有这等觉悟，就能明白自己，究竟哪里已经断了恶习，哪里还没有断习；哪里是真的，哪里不是真的；哪里有修行，哪里没有修行；哪里有进步，哪里没有进步。

善男子，好比婴儿，不是黄金却以为是黄金，如来也是这样，不干净的也说是干净的。如来已经得到最高真理了，他这样说就不是假话。好比婴儿，不是牛马却以为是牛马。假如有众生，看见非道以为是真道，如来就顺着他说非道是道。非道之中其实没有道，但因为通过这个非道能够生出真道来，因为这一点点因缘，如来就说非道是道。好比婴儿，看见木男木女，以为是真男真女，如来也是这样，明明知道不是众生，却说众生想，而实际上没有众生想。不过，要是如来说无众生，一切众生就会生起邪见，所以如来说有众生。假如对众生起众生想，就不能破众生想。假如对众生能破众生想，那就能得大般涅槃。由于得到这样的大涅槃，彻底停止哭泣，就名叫婴儿行。

善男子，假如有男人女人受持读诵书写解说这五行，应当知道，这种人必定会得这五行的。

迦叶菩萨对佛说：世尊，就我的理解，佛的意思，是说我也必定会得这五行吗？

佛说：善男子，不只是你得这样的五行。今天这次法会中的九十三万人，也会同你一样，得到这五行。

朗诵完了，不多将一份汉字加拼音的《婴儿行品第九》举起来，说：这里有注音本的《婴儿行》，有需要的，免费提供。

说完又举起一本书法本的《婴儿行》，说：还有书法本的，也免费。

大家知道，这书法本，和拼音本一样，都是不多集团的习惯性做法。凡遇重大活动，特别是重大的国际性活动，不多集团都将最重要的文件和儒释道医家等经典著作，加上汉语拼音，精美印刷出来。有的还请集团里专业的书法大师誊抄一份，大量印刷。重大活动的高档礼物，常常就是这种书法本。比如一份战略合同，文字一般非常精炼，就经常有手抄的书法本作为底本，其余的都用这手书本加印，双方各持一份。而那手写的原本，就成为最珍贵文物，被珍藏起来，一有机会，就在重要场合展出。多年后，集团专门修建了博物馆，其中专辟一个合同走廊，展出各种重大战略合同。战略合同往往是理念性的，原则性的，不谈具体项目和操作细节，文字简练，用词精辟，文气浩荡，往往就成了道商界的经典之作。日子久了，就会看到一种景观——经常会有商学院教授，来博物馆现场讲课，给他们的学生现场讲解《为什么道商从来不做广告》。他们带领学生来到博物馆，边看边讲，边讨论边采访，并且布置作业，拍照录像，编写教材，无形中当了博物馆的义务讲解员，不多集团的义务广告员。他们自发讲解不多集团"无广告"的广告理念，老子的"无言""无为"，以及"不自见（xiàn），故明；不自是，故彰"等无形广告精髓，尽在其中。所谓自发讲解，一个意思是，不多集团并没有这样说过，那是别人总结出来的。

♫第二十九章

将欲取天下而为之，吾见其不得已。天下神器，不可为也。为者败之，执者失之。故物或行或随，或歔（xū）或吹，或强或羸，或挫或隳（huī）。是以圣人去甚，去奢，去泰。

| 试译 |

想靠蛮干得天下，我看这做不到。天下是个神器，不可蛮干。蛮干反而失败，硬抓反而丢掉。所以做事要看情况，有时候先走一步，有时候随后跟着；有时候清风徐来，有时候狂飙突进；有时候虎帅称雄，有时候弱兵得胜；有时候风蚀雨浸，有时候排山倒海。所以圣人做事不过分，不铺张，不骄纵。

▲已：止，完成。

▲或：有的，有时。

▲行：前行。

▲随：后随。

▲歔：慢吹。

▲吹：急吹。

▲羸（léi）：弱。

▲挫：小毁，挫伤。

▲隳：全毁，崩坏。又"挫"：或作"载"，解释为"安"，则"隳"就是"危"。

▲甚：按《说文解字》，"甚"是个会意字，从甘，从匹；甘是快乐，匹是匹耦。许慎误析字形，故有沉溺于男女欢情之义。但据河上公说，"甚"指贪淫声色，"奢"指贪恋服饰饮食，"泰"指大造宫室台榭。据李涵虚，则"甚"为"过分"，"奢"为"骄奢"，"泰"为"泰侈"。甚、奢、泰：甚是刻意，奢是铺张，张罗；泰是太，太平无事，小富即安，疏忽大意，安贫乐贱。

| 体会 |

不多译本——

♪想得道做道商，闯天下做生意，我看他做不成。道商是个奇迹，天下生意是个神器，不是做出来的。去做的都要失败，揽生意的都要亏本。所以生意啊，有时候要快半步，独得先机，有时候要慢半拍，后发制人。有时候一分一厘的赚，有时候连锅整桌的端。有时候狼吞虎咽，赢家通吃，有时候舔碗舔勺，跟着喝汤。有时候皮开肉绽，有时候伤筋动骨。没个准。所以啊，道家商圣从不惦记发财，从不张罗生意，从不安贫乐贱。

他没道道。

第三十章

以道佐人主者，不以兵强天下，其事好（hào）还。师之所处，荆棘生焉。大军之后，必有凶年。善者果而已，不敢以取强。果而勿矜，果而勿伐，果而勿骄，果而不得已，果而勿强。物壮则老，是谓不道。不道早已。

| 试译 |

以道辅佐君王的，不会滥用武力称雄天下，因为"用兵"总是有它固有的结果。部队开到哪里，哪里就荆棘丛生。打了大仗之后，一定会收成不好。会打仗的，打赢就休兵，不敢再去逞强。打赢了不要自负，打赢了不要夸功，打赢了不要骄纵，打赢了是不得已而为之，打赢了不要逞强再打。凡逞强称雄的，军力耗竭就快，叫作不符合兵道。不合兵道，迅速灭亡。

▲好还：总是要回到其本性固有的结果上来。好（hào），喜好。

▲善者：善用兵者。

▲果：合乎兵道的战果，如锄奸禁暴、去贼安民、济难卫国。

▲矜、伐、骄：自负、自夸、骄纵，一个比一个升级。都是自傲，但是自负可能不说出来，自夸就说出来了，自吹了；骄纵不但自吹，行动上也放肆了。

体会

老多译本——

　　用商道辅佐董事长的，不喜欢兼并通吃，称霸市场。因为市场运作，最终是种瓜得瓜，种豆得豆。像个屠夫像个自杀狂，喜欢大出血大放血，价格大战，到处屠城，最后自相残杀，同归于尽，吃亏的是消费者。商家大火并之后，必有大危机大萧条。会做市场的，见好就收，回去练内功，不敢欺行霸市、自废武功。大赚了不得意，大发了不吹号，大赢了不摆阔，大餐了是不得已而为之盛情难却，大成了进入世界五百强，不要以为真的做大做强了。真的做大做强了，不可一世，就老了，叫作走不动道。走不动道，倚老卖老，死得早。

第三十一章

夫佳兵者，不祥之器，物或_恶恶（wù）之，故有道者不处。君子居则贵左，用兵则贵右。兵者不祥之器，非君子之器，不得已而用之，恬淡为上。胜而不美，而美之者，是乐杀人。夫乐杀人者，则不可得志于天下矣。吉事尚左，凶事尚右。偏将军居左，上将军居右，言以丧礼处之。杀人之众，以哀悲莅之；战胜，以丧礼处之。

| 试译 |

强弩利剑，都是凶器，有诱惑力，也招人恨，所以有道之士不喜欢。君子平时以左边为尊位，用兵以右边为尊位，可见兵马是不吉祥的东西，不是君子爱用的，万不得已用一用，恬淡一点是上策。胜利了不要看作美事，看作美事，是喜欢杀人。喜欢杀人的，在天下行不通。吉祥的事情左边重要，凶险的事情右边重要。偏将军列左边，上将军列右边，是说准备举行丧礼。杀人多了，要悲伤痛哭；

仗打赢了，要举办丧礼。

▲或：惑，诱惑。

▲左：人坐北朝南，左手在东方，属阳，代表生机、春天、吉祥。

▲右：人坐北朝南，右手在西方，属阴，代表肃杀、秋天、凶险。

▲美：美滋滋的，以为美事。

▲得志：实现志愿，获得成功。

▲尚：推崇，看重。

▲偏将军：副将。

▲居：位居，位列。

▲上将军：主将。

▲哀悲：或作悲哀。

▲莅：莅临，到位，处理；也作泣，哭泣。

| 体会 |

大多的《管理笔记》，有句话引起了争议，他说——打仗用的强弩利剑，商战

中的核心竞争力，性质一样。

在一届世界道商大会上，有几位道商提出了异议。大多在道商大会提交的文稿，有时候就是他的《管理笔记》，是大多集团的管理经验教训谈。半句多、一板斧的反应比较强烈。

半句多说：看来我们的大多集团喜欢打仗啊。

大多习惯性地点点头。大家不知道他是首肯呢，还是礼貌，还是敷衍。

一板斧说：我倒是不知道大多喜欢不喜欢打仗，不过道商应该不喜欢商战吧？

大多说话了：我觉得，道商好像不是不喜欢商战。

一板斧：那就是喜欢商战啰？

大多：好像也不是喜欢。

半句多：那，是什么？又喜欢又不喜欢？

大多：我感觉，好像也不是。

一板斧：那是什么？也不是喜欢，也不是不喜欢？

大多：这个，说喜欢也行。

半句多：不行也得行。你明明写了嘛，说商战的核心竞争力，和打仗用的强弩利剑，是一样的。

大多：我觉得是这样。

一板斧：那就是喜欢商战嘛。

大多：没有，我不是喜欢商战的人。

一板斧：不要不好意思啦，写都写了，还怕说。

大多：我也没写。

半句多：算我没说。真是半句多了。

半句多觉得再和大多争下去，没有意义了。

从此，一板斧和半句多，还有几位道商，对大多就有看法了。

不多对大多笑笑。她知道大多想些什么，但她不出来为大多解释。

有些列席的嘉宾，对道商大会开成这样，不痛不痒的，没有交锋，觉得没劲。后来再开会发邀请，他们说什么也不来，推辞了。他们感到道商，的确是太消极，不过瘾。

他们开成了团结的大会，没劲的大会。

让人实在不想跟他们叫什么真。随他们去吧。没劲。生意场上也不想跟他们交手。

但是一板斧临走还是忍不住砍了一板斧。刚好出门的时候他和大多挨到了一起，一板斧郑重其事地说：大多老师啊，我建议你学学老子。孔子去见老子，被老子狠狠教训一顿。多爽快，多过瘾！

大多连连点头：是，是。要学要学。

一板斧没法说下去了。心想：人家这么诚恳，不好意思教训啦。就一摆手：嗨，我也是瞎掰。我也不是老子，你也不是孔子。瞎掰，瞎掰。

这时候，旁边有个小后生，像是自言自语，但声音刚好让一板斧听得见，说：孔子，那是真心求学。老子，那是知无不言。

一板斧猛地一惊，心中的一把板斧失手掉到地上，心地上。

脚下一个踉跄，差点滑倒。

大多的双手，早已轻轻扶住了他。

♫第三十二章

道常无名、朴，虽小，天下莫能臣也。侯王若能守之，万物将自宾。天地相合，以降甘露，民莫之令而自均。始制有名，名亦既有，夫亦将知止。知止可以不殆。譬道之在天下，犹川谷之与江海。

┃ 试译 ┃

道总是没有名称，质朴无华，说它小吗，天下却没有谁能让它臣服。国王要是守得住它，万物会自动归附。于是天地相合，普降甘露，百姓不用你下令也会自动摆平。开创事业就要创品牌，通过创品牌，才会懂得定位。定位定准了，就可以不知疲倦勇往直前。好比大道通行天下，好比江河奔赴海洋。

/

▲"道常无名、朴，虽小，天下莫能臣也"：或断为"道常无名，朴虽小，天下莫能臣也。"

▲始制：开始创制，开始创业。

▲有名：定名称，创品牌，创名牌。

▲止：安顿（的地方），安身立命（的地方），定位。

▲可以：或作"所以"。

▲殆：疲倦。

▲川谷：小川流入山谷。

▲与：给与，归入。

▲江海：大江流入大海。

▲川谷之与江海：小川注满了山谷，山谷的水也就流入大江，大江流入大海。

| 体会 |

/

道商常常没有名声，没有名号。世界道商大会，绝大多数商家都说自己不是道商，是向道商学习来了。世界道商大会从来不颁奖，这也是原因之一。因为你找不到一个道商。他们纯朴敦厚，不是故意谦虚。也有好多人是来攀亲的，来整合的，来兼并的。他们说是来学习，心里惦记着如何整合如何兼并道商资源。这多半是大恐龙级世界五百强级的公司，或者想做世界五百强的大集团。他们也学了一点《老子》，一点《庄子》，但是对"兵者诡道也"更感兴趣，对"不战而胜"的感觉不明显，对"胜人者有力，自胜者强"（第三十三章），更加没感觉了。三十六计倒是如数家珍，说是商道。他们的整合和兼并，效果如何，很难有统计数字。不过业界有一种传说，说是道力深厚的道商，你都发现不了。他即便再小，三五个人的，你也很难收编他。"虽小，天下莫能臣也。"

因为他图的，不是你开的那些条件。搞兼并的，有些人要突出自己的品牌，连品牌也兼并。有些人为此开出大价钱。但是道商不为所动。然后一拖就是十年，不见市场业绩有提高，你去兼并，他还是不干。一些大公司感到不可理解，这么好的条件，为什么就不答应呢？

道商也不瞒着，直言相告：就是图个自在。大家都做恐龙，恐龙离灭绝也就不远了。何况自在，不在大小。

谈合同条款的时候，道商也有这样问的：自在多少钱一斤？

因为有的商家直接就拿出早已拟定好的兼并合同，他们调查这家道商企业已经很久了，知道他们的经营状况极其健康，效益极好。困惑的是，他们为什么不扩张？所以，这些兼并家往往也是出于好意，想让这些小道商做大做强。但是这些芝麻道商，就是天王老子出来请，五百强第一家出来请，也请不动。但是你需要他的货，他一准做到一流，让人家感佩之至。但他有个条件，我只能做多少，就答应多少，否则不签合同。这种小"道商"，可不是"小道"商。他们往往都有绝活，师徒相传。不是保守，不是不外传，而是收徒极其严谨。

有人把道商的这些绝活叫作核心竞争力，道商有时候也顺着你说，是啊是啊，核心竞争力。但是仔细探讨，他们只是顺着你说说而已。他们从来不争，何来竞争力？又何来核心竞争力。你看他的企业那么小，可是几十年百多年中，你就是没见它倒。它活的很滋润。景气来，他也不扩张，危机来，他也不收缩。他的客户群极其固定，极其稳定，极其忠实。不需要广告的，客户自然忠实，口服心服的。有商家垂涎他们的市场，要和这些绝活道商一决雌雄，可总是铩羽而归。其实这些道商呢，根本就没有出手。让人不敢相信的是，他们的绝活，大都是完全公开的。他不是不收徒。他把修炼徒弟的课程录像都登到网上，像网络技术大拿 Linux 一样，像下载先锋 Bit Torrent 一样，谁都可以学，可以修改，可以模仿，而且免费。但是你模仿的，修改的，始终不是他那个味儿，真是八仙过海各显神通。也没什么好怨的，只能怪自己诚心不够，功夫下得不够。不在乎外面那些花拳绣腿，主要是内功。

问自己：心诚不诚？

就是一个字：朴。

这个朴，就是道商的品牌。别看它小，胜过千军万马。

朴，所以不用做广告，不用涂脂抹粉，吹吹打打。这是"朴"这个品牌的性质决定的。它决定了，这个品牌，连"朴"这个字也没有，也不需要。

这是绝招。

这是绝活。

♫第三十三章

> 知人者智，自知者明。胜人者有力，自胜者强。知足者富，强行者有志。不失其所者久，死而不亡者寿。

｜ 试译 ｜

了解人家，只是明智；懂得自己，才是觉悟。打败人家，虽有力量；战胜自己，才真坚强。能知足的，自然富有；自强不息，才是大志。定位准确永不迷失的，事业经久不衰；肉身虽死精神不灭的，天命万寿无疆。

｜ 试注 ｜

▲智：明智。

▲明：觉悟。

▲所：该有的位置，合理的位置。

▲死：肉身死去。

▲亡：精神消亡。

▲寿：长寿。孔子说的是"仁者寿"，老子则说死而不亡者寿，精神长寿。

｜ 体会 ｜

道商那样走道，自顾自地走道，不看别人，有人早就有过批评。说是胸无大志，独善其身。他们不是随便说的，不是只看书本得来的结论。他们深有体会，他们和道商打交道搞合作，也不是一两年了。他们知道道商做事，质量绝对可靠，常常独出心裁，让人拍案叫绝。但是为什么不扩张，理解不了。得出结论：小富即安，胸无大志。"中国要想多有几家世界五百强企业，看来道商是不能指望了。"他们感叹。

道商呢，还的确是不在乎五百强。

他们有自知之明。也有知人之智。

有一年，媒体忽然开始热议一件事情。

不多集团忽然成了"移动地球"的领军公司。

本来，不多集团就不是一个集团，只是一家公司而已。但由于大量新公司新业务新品牌，都是不多公司撒下种子，催生发育出来的，这些公司就都被外界称为不多系，号称不多集团。其实是一个极为松散的公司群落，一个自由自在、相互补充、良性循环的大量完全独立公司的生态圈。这个公司群落内生的需求非常旺盛，非常健康，配合默契。平时可能看不出来，没有什么大起大落。但是一旦外界商务环境恶化，就能看出不多群落的抗打击力，是何等的强劲。因为他们自成体系，内需互补，自给自足。内需足，主要是说，每家公司自身的内需足。足到什么程度？他们都不约而同地把促进其他公司的健康内需当作自己的内需。所以一家公司的内需，往往就是好几百家公司的内需。这个概念，这种内需概念，市场花了多年时间才得以慢慢理解。到"移动地球"大成气候的那一年，市场基本接受了这个"毫不见外的内需"概念。

移动地球，是一种数字地球，但是可以移动，可以多种方式上网，可以持续升级，可以像电脑一样操作，屏幕可以伸缩。因为屏幕不是一个实体，只是把图像打在空中而已。所以可以根据需要来调节它的大小、颜色、亮度。第三代移动地球，还可以立体环绕观看。大家围成一圈，每个人都可以从自己的角度观看空中的全息屏幕，各自操作这个数字地球，开展对话、联欢等各种互动。

不多集团为什么忽然成了移动地球的翘楚呢？

这是大家没料到的。记者采访，不多说：她自己也没有料到，而且从来就不想去料到。记者追问，不多只好举出公司的理念"好事不求多"，这是我们的经营理念。好事多让别人去做，去成功。一家公司的成功莫过于创业，不在于跟风。实在推不出去，不得已，暂时接手一下，继续寻找替手。

记者：即使这样，可是不多集团没打广告，不做推销，移动地球就一夜之间覆盖了整个地球。这是为什么？

不多：冰冻三尺啊。多少年了，好多人都在探讨移动地球。不多公司是最热心的，有什么想法就说出来，谁想做就帮着他做。我们公司只留下反复劝说别人做、别人横竖也不做的，那种业务，暂时留下来我们自己做。这种业务没的说，岿然不动，八风吹不动，雷打不动，扔在大街上没人捡的。所以能够移动地球。岿然不动的业务，可以叫作杠杆。是杠杆业务撬动了地球。

记者：这杠杆可得好好保护啊。

不多：要保护的话，就不是杠杆了。

记者：为什么？

不多：就太脆弱了。

记者：要扔到地上没人要。

不多：像打狗棍一样，没人要。

记者：打几下就断了。

不多：今天的杠杆，明天的打狗棍。

记者：不需要敝帚自珍。

不多：家里杠杆一大把。看什么时候用，换着用。没有好，没有坏，只有适合不适合。打狗的时候，打狗棍就是杠杆。

记者：打完狗，打狗棍就扔了，烧饭了。

停了一下，记者又问：下一次又遇见恶狗，没了打狗棍，那可怎么好？

不多：可能有根更结实的打狗棍了。

记者：可能啊，不一定的。

不多：是啊。但是人算不如天算，有狗来咬，是好事，打它做什么？不多不多，狐朋狗友，多多益善。

记者：那就一劳永逸，不存在打狗棍业务了。移动地球就是这样吧？

不多：是的。水到渠成。可以说准备了几十年了，二十来年了。好多事情都差不多了，干柴备足了，但是缺少一点点火星。这时候忽然有谁"擦"，擦出一个火星，谁也料不到，事就这样成了。多年的准备和交流，早就默契了，合同都不需要签，也不需要讨价还价，合作模式标准化了，简单，默契。

记者：这个平台，也像一个杠杆。

不多：更大的杠杆。

记者：优势在哪里？

不多：大家都帮助别人创业。好事，能赚钱的业务，都帮别人推荐，都推给别人做。死活推不出去了，死活没人接的业务，才自己暂时留下来。这样一种合作平台。像超流体，没有内耗［一种低温下自由流动的液体。在 -271 ℃以下时，它的内摩擦系数变为零，流动时水分子彼此之间完全没有内部阻力（内摩擦），所以可以穿过毛细血管，而且可以永远不停地流动下去。道商原理与此相仿］。

记者：搭建这个平台，可不容易。

不多：很容易。

记者：不可能吧？

不多：真的，不费劲的。费劲的，就不是好东西。给消费者的，一定不要费劲。平台也是一个可消费的商品，一定要轻松、简单，好用。发现自我，就靠这一掌。反复推给别人，别人不要，只好自己留着。这个就是我的。自知者明。大家都这样子，发现了自我，良性生意圈生态圈就形成了，这又叫知人者智。自知者明，就是知人者智，这不是两件事，是同一件事。大家都知己知彼，所以大家都百战百胜，而且不战而胜，合同也不签，价钱也不谈。大家都是大赢家。每家只做自己的内需市场，做着做着，一切外需市场都成了自己的内需市场。想想看，这个内需市场该有多大？金融危机奈何得了它吗？奈何不了。所以，内需和外需，也不是两个市场，而是同一个市场：内需市场。归根结底，是和自己做生意，是自己真的需要，是自己热爱的，是自己的健康和幸福之所系。

记者：所以玩得轻松，是吧？

不多：帮助别人。"既以与人己愈多。"事情就简单了。不计较了。凡是自己乐意的，就不计成败不计血本，干。因为那已经不是血本了，直接就是收获，是幸福了。多简单，多轻松。

记者：这样倾其所有地干，总是干得最多，最好，最轻松。靠帮助别人，来提高自己，成就自己。所以反而更加经济，更加节省，更有效率。

不多：说到节约，连帮助别人，也要越少越好。

记者：不多。

不多：还有一点需要注意。

记者：我想猜一下，你要说什么。

不多：不用猜了。大家也都知道，我们不多公司有个习惯，就是喜欢找别人帮忙，万事都求人。

记者：是啊，这有什么好注意的吗？

不多：你想想，我们讲"帮助别人，是最好的发展自己"。所以你如果真想帮助别人，那么……

记者：就想尽办法让别人来帮助你！

不多：我可没说啊，哈哈。

♫第三十四章

大道泛兮，其可左右。万物恃之而生而不辞，功成
不名有，衣（yì）养万物而不为主。常无欲，可名于小；
万物归焉而不为主，可名为大。以其终不自为大，故能
成其大。

| 试译 |

大道磅礴无垠，岂能左右得了。万物靠它生生不息，大功告成不自称有功，
护养万物而不当主宰。永远没贪欲，可以叫作小；万物归附却不当头，可以名叫
大。就因为它始终不自高自大，所以能成为最大者。

| 试注 |

▲泛：漂，泛滥不成灾，横流，超流。

▲其：通"岂"。

▲辞：辞让，推脱，停歇。

▲不名有：或作"而不有"。

▲衣：穿衣，给衣服穿。

| 体会 |

移动地球，这个生意太大了。谋划了好久，到最后促成大市场的成熟，却是靠一款小东西：掌上明珠。

掌上明珠是一种手机，它上面，用多国文字打出的《老子》第三十四章，好几亿人都背熟了。

一个父亲，抱了一款掌上明珠，送给自己的掌上明珠，心爱的女儿。又把自己亲自翻译抄写的《老子》第三十四章，用中国书法，用流体，抄写出来，扫描进这款掌上明珠。因为他是搞流体力学的，专门研究超流体，又热爱书法，他的书法就有了流体的大名，也有叫作超流体的。但是父亲说，超流体，是我掌上明珠的书法，我女儿的书法。女儿也孝敬，过了不久，就把自己参与设计的第一款移动地球，送给了父亲。里头也有她自己翻译的《老子》第三十四章，也是用中国书法亲自抄写的。写得行云流水，虚无缥缈，真是一脉相承啊，又似乎青出于蓝而胜于蓝。

掌上明珠定名的时候，有过一番周折。

开头大家都说妙。设计师、董事长也都通过了。后来搞个销售模拟，问题出来了。

售货台上。

问：买一个掌上明珠，多少钱？

答：若干若干元。

问：保修几年？

答：保修三年。

大家觉得不成体统。觉得只有放弃了。经过反复模拟，最后还是采用了。

现在我们在柜台上，有掌上明珠专柜，名叫幼儿园、托儿所，或者别的什么能够让人想起宝贝女儿的好听的名字，让各家销售点自己去创意设计。只要符合当地的习惯就可以了。

在这种柜台上，对话也全变了。不预备广告词营销词，只掌握基本禁忌，其余全靠随机对话。

顾客：买款掌上明珠。

服务员：不卖。

顾客：给人看的吗？

服务员：不是。是老爸爱的。

顾客：老妈不爱吗？

服务员（笑，有戏）：老妈更爱，老妈不老。

顾客也就笑了。

对话很幽默。不需要规定对话措辞。只要把准一条：凡是说买卖，就绝对不卖。广告费省了，广告作用不胫而走，一传十十传百，而且时时刻刻在在处处都有顾客自己的创意。对话极其生动有趣。

男朋友也愿意把女朋友看作自己的宝贝女儿。他们有时候更加有趣，走到幼儿园门口（柜台边）。

男朋友：阿姨好，（让我）看看我的宝贝女儿吧。

阿姨（服务员）：先生好，您的宝贝女儿是哪一位？

男朋友点点柜台里：这一位。

阿姨：好的，宝宝快出来，你老爸来接你了，听话。

男朋友：啊爸爸抱抱，爸爸抱抱。

一单生意就这样结束了。女朋友在旁边抿着嘴笑。

有时候说漏嘴的，说起了"买卖"这些禁忌的词汇，也会闹出一些笑话。一些女朋友也这样戏弄男朋友，硬说自己是男的，要抱抱掌上明珠，自然也闹出一些笑话。

这掌上明珠怎么促成了移动地球市场的最后成熟呢？

原来，移动地球的首席设计师，恰好是个宝贝女儿。她父亲送她掌上明珠后，不久她就把自己主持设计的第一款移动地球送给了她老爸。其实，移动地球的技术、生产、销售体系早就万事俱备，只欠东风了。东风，就是销售模式一直没有绝妙的设计，和移动地球的绝妙设计难以匹配。因为这一点，不多集团就是压着，不让往外推。直到流体力学专家送给宝贝女儿一款掌上明珠之后，这位宝贝女儿终于悟到了一句广告词——掌上明珠，移动地球，周游宇宙。

从此，移动地球的营销，只需搭乘掌上明珠的便车，就可以移动地球周游环宇了。

♪大道泛兮，其可左右。万物恃之而生而不辞，功成不名有，衣养万物而不为主。常无欲，可名于小；万物归焉而不为主，可名为大。以其终不自为大，故能成其大。

《老子》这一章，真是妙绝。

但是最后还是自然形成了两句广告词，一问一答——

顾客：买颗掌上明珠，多少钱？

售货员：不卖。多少钱也不卖。

第三十五章

执大象，天下往。往而不害，安平太。乐与饵，过客止。道之出口，淡乎其无味，视之不足见，听之不足闻，用之不足既。

| 试译 |

无形大象在握，天下人心归顺。归顺而不伤害，就安康、平和、舒泰。音乐加上美食，过客流连忘返。可大道从嘴里讲出来，平平淡淡的，味道一点没有，看它也看不见，听它也听不到，用它却用不完。

| 试注 |

▲大象：大道。

▲往：归顺。

▲害：危害。

▲安平太：安康、平和、舒泰。太，泰。

▲乐：音乐。

▲饵：美食。

▲止：停下来吃饭、休息。

▲淡乎其无味：平淡啊，它是一点味道没有。"真味只是淡"。

▲足：充分，够量。

▲既：完成，完结，穷尽。

▎ 体会 ▎

我来了（本篇人名）到集市买菜，走到一个摊位前，站住了，问："请问这是什么菜啊？"

摊主说："佛手瓜。"

我来了问："佛手瓜？好吃吗？"

摊主说："好吃。"

我来了问："什么味道啊？"

摊主一时语塞，正想着怎么回答好呢，这时候我来了的朋友我去了（本篇人名）也来买菜，我来了便问："你好啊我去了，这菜你吃过吗？"

我去了说："吃过。"

"什么味道呢?"我来了问。

"什么味道? 没什么味道。"我去了回答。

"没什么味道?"我来了觉得很诧异。

我去了见我来了不明白,就解释说:"啊是这样,这佛手瓜啊,的确没什么味道。把它和什么拌在一起炒,它就是什么味道。随你怎么炒,你要辣味就放辣椒,要蘑菇味就放蘑菇,要笋味就放笋……你放什么,佛手瓜就是什么味。"

"啊,还有这种菜!"我来了觉得很新奇,当下买了几个。

♫第三十六章

将欲歙（xī）之，必固张之；将欲弱之，必固强之；将欲废之，必固兴之；将欲夺之，必固与之。是谓微明，柔弱胜刚强。鱼不可脱于渊，国之利器不可以示人。

| 试译 |

想要关闭它，一定大幅张开它；想要削弱它，一定大力加强它；想要废除它，一定大肆兴隆它；想要夺走它，一定大量给予它。这叫作一线微光，叫作柔弱战胜刚强。鱼儿离不开水，国家杀手锏不可以让人看见。

| 试注 |

▲歙：收敛，合拢。

▲固：坚定，专一，专门；首先。

▲兴之：或作"举之"。

▲微明：一线微光，韬光养晦。

▲利器：杀手锏，绝招；"彼圣人者，天下之利器也，非所以明天下也。故绝圣弃知，大盗乃止……"（《庄子·胠箧》）。圣人大隐于市，大隐于朝，不显山，不露水，不伤人，是国家的大幸。为什么？因为圣人太锋利了，削铁如泥，一剑封喉。

▲示：展示（给人看）。

｜ 体会 ｜

固，也可以翻译为"先"——

想要关闭它，一定先去张开它；想要削弱它，一定先去加强它；想要废除它，一定先去兴隆它；想要夺走它，一定先去给予它。这叫作韬光养晦，柔弱战胜刚强。鱼鳖不可以脱离深水，国家的制胜法宝不可以公之于世。

要想心系无垠、心包环宇，必须先能心无一物，了无牵挂。

不多、大多、太多、老多们，在商务交往产品开发中，慢慢形成的超流体创业通用平台，也是这个道理。这个平台中，没有奇迹，因为它时时处处都是奇迹。就像佛陀的牛奶，开了之后都不会沸腾，和没开之前一样，那么平静，纹丝不动。因为超流体传热速度极快，不会形成热量梯度，而是瞬间把热量传遍整个超流体。所以，即便超流体牛奶开了，它也不会沸腾，还是那样，平平静静，平平常常。一般的液体，开了之后之所以沸腾，是因为热度分布不均匀，有梯度，所以会从高热区涌向低热区，咕噜咕噜的，扑腾得很热闹。人不平则鸣，水不平则流，气不平则喘，开水不平则腾。人平不鸣，气平不喘，水平不流，开水平则不腾。

伟大的将军在战火纷飞中仍然心平如镜，就像超流体牛奶一样，开了仍然那么冷静，不，那样热静，那样如火如茶地火静，如雷灌顶的雷静。

超流体现象，Superfluidity。

超流体，Superfluid。

超流体创业通用平台具有的性质，和超流体的确很相似。

第一，就是刚才讲过的，没有奇迹，热情如冰。

第二，独立不倚。把超流体放进桶里，旋转这个桶，超流体不会随着这个桶转圈，它还是那样静止不动，只要你不搅动它。其他的液体却不是这样，你只要转桶，桶里的液体就会跟着桶开始旋转，直到和桶转得一样快。超流体创业平台，也是不受外界干扰而独立运作的。

第三，超流体内耗为零，或者说它的内部摩擦力为零，只要开始流动，就可以毫无损耗地流动下去。比如在桶里搅动超流体，它转动起来后，桶根本不动，超流体会永远转动下去。相反，就像第二点说的，超流体如果不动，你转动桶子，桶子动了，可这桶里的超流体绝不会跟着转动。这同样是因为超流体和桶壁不发生相互作用，超流体遇到桶壁却不构成阻力。超流体创业平台，也没有内耗，静如古井止水波澜不起，动如物换星移永不停步。

第四，超流体是某种物质（氦）在超低温（绝对零度）下出现的凝聚、团结、同步状态。超流体创业平台，也是一些人在极度冷静状态下自然形成的团结、凝聚、同步状态。所谓极度冷静，就是不存妄想，极端天真，纯朴，忘我。一个忘我的团队，必定是一个团结的团队，凝聚的团队，万众一心的团队，万千人也只有一颗心，如同只有一个人。相反，哪怕只有一个人，如果他不冷静，也是十五个吊桶打水七上八下，好比千军万马内战不休。

中国管理学的道家特色，在这里看出来了。西方的无边界管理，可以在这里搭上界，接上轨。无边界管理，比如原先的通用公司 CEO 杰克·韦尔奇，搞的无边界管理，就是一种在公司内部共享资源，各家公司共享资源的开放性管理方法。再往前走，就可以走进道家商务的圈子。到里面一看，原来道商没有圈子，早就进到东西方一切管理中了。

不见外。

♫第三十七章

道常无为而无不为，侯王若能守之，万物将自化。化而欲作，吾将镇之以无名之朴。无名之朴，夫亦将无欲。不欲以静，天下将自定。

| 试译 |

道永远无为而无不为，国王如果能守住它，万物会自我演化。演化之中起了贪心，我就靠不可名状的那点纯朴来安抚。心安了，无名的纯朴也就不再需要。不再需要，静下来，天下就自动安定了。

| 试注 |

▲侯王：诸侯王，国王。

▲化：演化，运化，变化。

▲欲作：欲望生起。

▲镇：镇定，安抚。

▲吾：侯王自称。

▲无名之朴：朴，万物的原生态，质朴无华，没有名字，不可名状，无法形容，勉强给个名字叫作朴。名可名，非常名。名叫朴，也不一定恰当。

▲夫：发语词，无实际意义。

▲以（静）：而，从而，因而（静下来）。

| 体会 |

道家功夫练到无为而无不为，就六根互用，和超流体很相似。超导体，超固体，激光，也和超流体相通，属于一个大类。超流计算机，超导计算机，超导电网，这些超级产品，都在设计中了，说不定什么时候就上市了。至于超导互联网，则和古老的因陀罗网有点相似了。科技发展到今天，终于可以和古老的道家同练道家功了。

妙哉妙哉。六根互用，一即是六，六即是一。神哉神哉。

六根，就是眼耳鼻舌身意。它们每一个都具备六个的全部功能，叫作六根互用。就是身上所有器官全部打通了，像超流体一样，全通了。比如眼睛，除了能看，还能听，能嗅，能尝，能抓，能想，还能当耳朵用，当鼻子、舌头、身子、心意用。其余以此类推。君子不器，大道不器。一个器具就是全部器具。发明这样的产品，是道商的拿手好戏。名之曰道器，法器，大器，名之曰"圣人，天下神器"（第二十九章）。

原理是简单的，新颖的，古老的，不变的。

做到是困难的。

三流公司做产品，二流公司做技术，一流公司做文化。

超流公司做什么？

妙哉妙哉。

现在是提出这个问题的时代了。

第三十八章

上德不德，是以有德；下德不失德，是以无德。上德无为而无以为；下德为之而有以为。上仁为之而无以为；上义为之而有以为。上礼为之而莫之应，则攘臂而扔之。故失道而后德，失德而后仁，失仁而后义，失义而后礼。夫礼者，忠信之薄（bó），而乱之首。前识者，道之华_花，而愚之始。是以大丈夫处其厚，不居其薄（bó）；处其实，不居其华_花。故去彼取此。

| 试译 |

上等的德不觉得自己有德，所以有德；下等的德老觉得自己有德，所以无德。上等的德无为，忘了得失；下等的德有为，惦记成败。上等的仁有为，不计毁誉；上等的义有为，在乎曲直。上等的礼有为心行礼却没人回礼，于是捋起袖子，叹息人心不古。所以失去道，就靠德；失去德，就靠仁；失去仁，就靠义；

失去义，就靠礼。这个礼怎么来的，其实是因为忠信淡薄了，祸乱开始了。想靠小聪明做点预言，那是大道旁边开的野花，放着好好的大道不走，却停下来赏花，就开始犯糊涂了。所以大丈夫站在厚实的大地上，不去薄薄的花瓣上嗡嗡叫唤；走在坚实的大道上，不到路边的野花旁痴痴发呆。所以不搞花架子，专门干实事。

| **试注** |

▲无以为：不执著。

▲下德为之：或作"下德无为"。

▲有以为：有执着。

▲莫之应：莫应之，没人回应。

▲攘：捋起（袖子）。

▲扔：投掷，出手，出言，发话。

▲前识：预见。

▲华：花。

▲厚：厚实。

▲薄：浅薄。

▲实：果实，实实在在的。

▲华：花朵，昙花一现的。

▲去彼取此：去，去掉；取，采用；彼，薄、华；此，厚、实。

｜ 体会 ｜

《庄子》是不是《老子》的注脚？

《老子》这一章，在《庄子·知北游》《在宥》《天道》中，有大量呼应。

先看《知北游》——

♪知北游于玄水之上，登隐弅（fèn）之丘，而适遭无为谓焉。

知谓无为谓曰："予欲有问乎若：何思何虑则知道？何处何服则安道？何从何道则得道？"

三问而无为谓不答也。非不答，不知答也。知不得问，反于白水之南，登狐阕之上，而睹狂屈焉。知以之言也问乎狂屈。

狂屈曰："唉！予知之，将语若。"

中欲言而忘其所欲言。知不得问，反于帝宫，见黄帝而问焉。

黄帝曰："无思无虑始知道，无处无服始安道，无从无道始得道。"

知问黄帝曰："我与若知之，彼与彼不知也，其孰是邪？"

黄帝曰："彼无为谓真是也，狂屈似之，我与汝终不近也。夫知者不言，言者不知，故圣人行不言之教。道不可致，德不可至。仁可为也，义可亏也，礼相伪也。故曰：'失道而后德，失德而后仁，失仁而后义，失义而后礼。礼者，道之华而乱之首也。'故曰:'为道者日损,损之又损之,以至于无为。无为而无不为也。'今已为物也,欲复归根,不亦难乎!其易也其唯大人乎!生也死之徒,死也生之始,孰知其纪!人之生,气之聚也。聚则为生,散则为死。若死生为徒,吾又何患!故万物一也。是其所美者为神奇,其所恶者为臭腐。臭腐复化为神奇,神奇复化为臭腐。故曰:'通天下一气耳。'圣人故贵一。"

知谓黄帝曰:"吾问无为谓,无为谓不应我,非不我应,不知应我也;吾问狂屈,狂屈中欲告我而不我告,非不我告,中欲告而忘之也;今予问乎若,若知之,奚故不近?"

黄帝曰:"彼其真是也,以其不知也;此其似之也,以其忘之也;予与若终不近也,以其知之也。"

狂屈闻之,以黄帝为知言。

译成白话就是——

♪知识分子往北游学,到了玄水上游,登上隐弅山,和无为谓不期而遇。

知识分子对无为谓说:"我有个问题想请教您——怎么思考怎么琢磨才能知道?怎么处世怎么办事才能安道?怎么入道怎么走道才能得道?"

连提三问,无为谓都不回答。不是不回答,是不知道答案。知识分子没问出结果,就返回白水南岸,爬上狐阕山,遇到狂屈。知识分子就拿刚才三个问题去问狂屈。

狂屈说:"唉!这个我知道,我来告诉你吧。"

狂屈刚要开口，忽然忘记了该说什么。知识分子没问出结果，就回到帝宫，去见黄帝，再提这三个问题。

黄帝说："不思考不琢磨，才能知道。不处世不做事，才能安道。不上道不走道才能得道。"

知识分子问黄帝说："我和您都知道了，那一位和那一位都不知道，哪一个对呢？"

黄帝说："那个无为谓啊，是真对了。那个狂屈呢，有点像了。我和你啊，都不靠边。'知者不言，言者不知'啊，所以圣人搞的是不言之教。道不可能凭人力得到，德不可能凭人力做到。仁是可以人为的，义是可以加减的，礼是相互相照顾面子的。所以说：'失去道，就靠德；失去德，就靠仁；失去仁，就靠义；失去义，就靠礼。所谓礼，其实就是迎宾大道上堆满的塑料花，是一切祸乱的开始。'所以说：'修道的天天扔虚礼，扔了再扔，直到无事可做。无事可做，就什么都可以做好了。'如今你追求物欲，又想回归大道，不是难为你了吗！容易上道的，只有大人们！生是死的结果，死是生的开始，谁知道其中头绪！人的生命，是气的凝聚。气聚就生，气散就死。假如死了还生、生了又死，我还有什么可担心的！所以万物虽多，其实只是同一个物。这同一个物，你喜欢，它就仙风道骨，芳香四溢；你讨厌，它就朽骨烂肉，臭气熏天。别人觉得臭气熏天的，你又会闻出芳香四溢；别人视为仙风道骨的，却是你眼中的朽骨烂肉。所以说：'整个天下，一气贯通。'所以圣人在乎的，就是一。"

知识分子对黄帝说："我问无为谓，无为谓不回答我。他不是不回答我，是不知道怎么回答我。我问狂屈，狂屈正想告诉我，结果还是没有告诉我。他不是不告诉我，是正想告诉我，却忽然忘记了。如今我来问您，就您知道，为什么连您都不靠边啊？"

黄帝说："那个真懂的，是因为他不知道。这个有点像的，是因为他知道又忘了。我和你都不靠谱，是因为我们俩都知道，又都没忘。"

狂屈一听，觉得黄帝说的对。

再看《在宥》——

　　♪贱而不可不任者，物也；卑而不可不因者，民也；匿而不可不为者，事也；粗而不可不陈者，法也；远而不可不居者，义也；亲而不可不广者，仁也；节而不可不积者，礼也；中而不可不高者，德也；一而不可不易者，道也；神而不可不为者，天也。故圣人观于天而不助，成于德而不累，出于道而不谋，会于仁而不恃，薄（bó）于义而不积，应于礼而不讳，接于事而不辞，齐于法而不乱，恃于民而不轻，因于物而不去。物者莫足为也，而不可不为。不明于天者，不纯于德；不通于道者，无自而可。不明于道者，悲夫！何谓道？有天道，有人道。无为而尊者，天道也；有为而累者，人道也。主者，天道也；臣者，人道也。天道之与人道也，相去远矣，不可不察也。

译成白话就是——

　　♪低贱而不可不利用的，是万物；卑下而不可不依靠的，是百姓；含苞却不可不开放的，是事业；粗略而不可不说明的，是法规；疏远而不可不坚守的，是道义；亲近而不可不推广的，是仁爱；节制而不可不厚重的，是礼仪；中庸而不可不高明的，是大德；统一而不可不变通的，是大道；神奇而不可不运行的，是上天。所以圣人静观万物自生而不拔苗助长，成就天生美德而不添枝加叶，言行纯出天道而不自作聪明，处世吻合仁道而不恃才傲物，在任公事公办而不自积功德，应酬有礼有节而不缩手缩脚，正事有求必应而不推来推去，临朝依法治国而不私情乱政，经济依靠百姓而不轻易驱使，进退顺应万物而不舍本逐末。事情是不能刻意去做的，却又不能不做。不明天理的，德行不纯；不通天道的，四处碰壁。不懂道的，可悲啊！什么叫作道？有天道，有人道。无为却尊贵的，是天道；有为却辛苦的，是人道。主君，是天道；臣子，是人道。天道和人道，相距太远，不可不注意啊。

再看《天道》——

♪是故古之明大道者，先明天而道德次之，道德已明而仁义次之，仁义已明而分守次之，分守已明而形名次之，形名已明而因任次之，因任已明而原省次之，原省已明而是非次之，是非已明而赏罚次之，赏罚已明而愚知处宜，贵贱履位，仁贤不肖袭情。必分其能，必由其名。以此事上，以此畜下，以此治物，以此修身，知谋不用，必归其天。此之谓太平，治之至也。故《书》曰："有形有名。"形名者，古人有之，而非所以先也。古之语大道者，五变而形名可举，九变而赏罚可言也。骤而语形名，不知其本也；骤而语赏罚，不知其始也。倒道而言，连（wǔ）道而说者，人之所治也，安能治人！骤而语形名赏罚，此有知治之具，非知治之道。可用于天下，不足以用天下。此之谓辩士，一曲之人也。礼法数度，形名比详，古人有之。此下之所以事上，非上之所以畜下也。

译成白话就是——

♪所以古代明白大道的，先明白天理，才明白道德；道德明白了，就可明白仁义；仁义明白了，就能明白本分；本分明白了，就能分清德才名位；德才名位明白了，就能因人任职；因人任职后，才能调查研究；调研清楚了，才能判明是非；是非判明了，才能赏罚分明；赏罚分明了，才能愚人智者各得其所，贵族百姓各处其位，贤人不肖各有其名。一定要量才任用，一定要循名责实。就这样服从上级，就这样领导下级，就这样治理万物，就这样修身养性，任何智谋都不用，一定会回归自然回归天性。这就叫作太平，是管理的最高境。古书上说："按照德才，设置名位。"可见德才和名位的关系，古人早就知道了，那不是首要的。古人讲大道的，到第五讲才讲到德才名位，到第九讲才讲到赏罚严明。一上来就讲量才任用，是不懂得根本；一开讲就说赏罚严明，是不懂得播种。扳倒铁道来说交通，炸毁公路来说运输，一定被人治死，怎么能够治人！一张口就是量才任用要赏要罚，这是知道管理的技巧，不知道管理的大道。可以被天下所用，不能够驾驭天下。这就叫作辩士，有一技之长的专才。礼仪和法律，原理和细则，德才和名位，这一切的详细考量，古人早就做了。这都是下级在执行任务，而不是上级在下达指令。

♫第三十九章

昔之得一者：天得一以清，地得一以宁，神得一以灵，谷得一以盈，万物得一以生，侯王得一以为天下正。其致之。天无以清，将恐裂；地无以宁，将恐发；神无以灵，将恐歇；谷无以盈，将恐竭；万物无以生，将恐灭；侯王无以正，将恐蹶。故贵以贱为本，高以下为基。是以侯王自谓"孤""寡""不穀"。此非以贱为本邪_耶？非乎？故至誉无誉。是故不欲琭琭（lùlù）如玉，珞珞（luòluò）如石。

| 试译 |

古来得一的，情况是这样：天得一就清明，地得一就安宁，神得一就通灵，河谷得一就灌满，万物得一就滋生，侯王得一就天下定。这都是靠"纯一"做到的。天要是没有清明的法子，只怕要片片开裂；地要是没有安宁的法子，只怕要火山爆发；神要是没有通灵的法子，只怕要忽然气绝；河谷要是没有灌满的法子，只怕要彻底枯竭；万物要是没有滋生的法子，只怕要完全消灭；侯王要是没有安邦定国的法子，只怕要王座腿瘸。所以尊贵以卑贱为根本，高山以低地为基础。所以侯王自称孤、寡、不榖。这不是以低贱为本吗？不是吗？所以最高的赞誉是没有赞誉。所以不必温润如玉，不必坚硬如石。

| 试注 |

▲得一：得道，一就是道；道无形无象，不多不少，非一非众，勉强叫作一，也叫"太一"，"太极"；太一"非一非不一"，太极"无极无不极"。一也是无为，无所不为，正如《庄子·至乐》说——"天无为以之清，地无为以之宁。故两无为相合，万物皆化。芒乎芴（hū）乎，而无从出乎！芴乎芒乎，而无有象乎！万物职职，皆从无为殖。故曰：'天地无为也，而无不为也。'"芴乎芒乎，是"恍惚"。职职，是繁殖。

▲"谷得一"句：河谷空廓，空则无形无差别无隔离无阻碍，这个空无的一，这个空一，也就是一空，全空，不排斥溪流注入，因而能装满水，因而空而不空，一而非一。

▲蹶：跌倒。

▲不榖：不善，不好，古代诸侯自称的谦词。

▲至誉无誉：最高的赞誉是不赞誉。"至乐无乐，至誉无誉。天下是非果未

可定也。虽然，无为可以定是非。至乐活身，唯无为几存。请尝试言之：天无为以之清，地无为以之宁。"（《庄子·至乐》）

▲琭琭 (lùlù)：玉石美好。

▲珞珞 (luòluò)：坚硬。

| 体会 |

这一章讲一，有老多老多的研究。所以老多对一最爱研究，他的译本是这样——

♪古来的道商生意，最讲究得一。道商的天得一，就碧空如洗，一尘不染；道商的地得一，就平平安安，生生不息；道商的心得一，就灵感迸发，神通广大；道商的仓储得一，就空阔无边，库存天下；道商的一切产品得一，就尽善尽美，精益求精；道商的董事长得一，就成为全球市场领袖，行为师表。都是靠专一做到的。天要是不干净，恐怕要下酸雨；地要是不安宁，恐怕要闹饥荒；心要是没灵感，恐怕要变痴呆；仓里要是没库藏，恐怕要停了产；产品要是质量差，恐怕要活不成；董事长要是不检点，恐怕要等下课。所以，商界大亨大富大贵，是靠艰苦奋斗，清心寡欲；公司大厦高耸入云，是靠基石牢固，大地支撑。所以，董事长总是自称"懵懂事长"，自称"不懂事"；总裁总是自称"不才"，自称"自裁"；总经理总是自称"狗不理"，自称"不管部长"。这不都是把卑贱看作核心竞争力吗？不是吗？所以最好的赞美是没有赞美诗的，反倒可能是鄙视是辱骂是耻笑。所以不必一讲温润，就非要和美玉去比奖状；一讲坚强，就非要和顽石去争美称。

的确，政府中不管部长这个位置比较玄。他可以什么都管，也可以什么都不管。做得好，可能各方交口称赞，人见人爱。做得不好，可能四面树敌，四面楚歌。所以"不管部长"这个称号，常常一语双关。老多这里把"不榖"翻译成"不管部长"，也有自嘲的意思。

不多也有一个译本，和老多有老多的不同——

♪生意就是一心一意。一心一意就生，三心二意就死，历来如此。消费者是天，对天一心一意，就是天之骄子，得天独厚；员工和员工家人是地，对地一心一意，就地大物博，人杰地灵；公司理念是神，对神一心一意顶礼膜拜，就鬼使神差，巧夺天工，常有神来之笔；公司的周边环境、十方虚空全是宝库，对宝库一心一意，就天降甘露，地涌醴泉，黄金铺路，白银做门；公司产品是万物，对万物一心一意，就可以一即一切，一切即一，件件绝活，举世无双，天衣无缝，滴水不漏，一诺千金，一骑绝尘；公司董事长是侯王，侯王一心一意，就不令而行，不禁而止，不纠而正，不管而理，不约而同，不战而胜，不劳而获，不谋而当，不言而信，不思而得，无为而成。这都全靠一心。要是不能做天之骄子，得天独厚，恐怕会成为天之弃民，天打雷劈；要是不能得地大物博，人杰地灵，恐怕会山穷水尽，马瘦毛长；要是不能鬼使神差，巧夺天工，常有神来之笔，恐怕会行尸走肉，笨手笨脚，经常出馊主意；要是天不降甘露，地不涌醴泉，不能黄金铺路，白银做门，恐怕要凄风苦雨，刀山火海，荆棘满路，硕鼠上门；要是不能一即一切，一切即一，件件绝活，举世无双，天衣无缝，滴水不漏，一诺千金，一骑绝尘，恐怕要一损俱损，俱损一损，件件废品，满盘皆输，绝薪止火，一无是处，漏洞百出，一言丧邦，一败涂地；要是侯王不能不令而行，不禁而止，不纠而正，不管而理，不约而同，不战而胜，不劳而获，不谋而当，不言而信，不思而得，无为而成，恐怕要有令不行，有禁不止，万纠不正，百管不理，有约不守，每战必败，劳而无功，谋而无当，言而无信，思而无得，为而无成。所以，超额利润以超低耗费为成本，绝世极品以残枝败叶为原料。所以，大老板自称打工仔、小老弟、小助理，这不是把隐姓埋名当作誉满全球吗？不是吗？所以，最高的美誉是鸦雀无声的。所以不必像美玉那样温文尔雅，不必像磐石那样坚不可摧。

♫第四十章

> 反者道之动；弱者道之用。天下万物生于有，有生于无。

| 试译 |

反动是道的运动，柔弱是道的作用。天下万物从有产生，有从无产生。

| 试注 |

▲者：助词。

▲有生于无：无中生有，从无到有，无本万利，真空生妙有。

老虎吃天，没个下口处。

你正动，他就反动。你反动，他就正动。你动，他就不动；你不动，他就动。反正和你反着来，叫作反者道之动。

你强用，他就弱用。你弱用，他就强用。你用，他就不用。你不用，他就用。反正做你的助手，弥补你的弱项，叫作弱者道之用。

弱是柔，强是刚。你刚用他就柔，你柔用他就刚用。你用他就不用。你不用他就用。喜欢做你的陪练，和你找个平衡，叫作柔者道之用。

不多集团的市场运作，就是这样翻译的，用商业行为来翻译，不言而译——

反向操作是商道的功夫，贱买贵卖，不赶时髦，逆势而动，顺势而行。市场红火的时候我冷若冰霜，市场萧条的时候我热情澎湃。名叫逆势而动，名叫顺势而行。所谓逆势，是逆表象。所谓顺势，是顺真相。所谓逆势，是逆眼前。所谓顺势，是顺明天。所以，反向操作是道商的正传功夫，人间正道是沧桑。沧海变桑田，桑田变沧海。

反向操作可以是政府宏观调控。道商有多个层次。政府是其中一个层次。道无所不在，商道无所不行，政府中的商道四通八达。政府不跟企业争生意，但跟政府争生意。各国政府之间，有大生意可做。但政府不和企业做生意，因为那不是一个层次，要做生意就有失公平，不符合市场竞争规则。正如公司集团，不和自家的公司争生意。

政府的宏观调控，古代叫作平准。各国政府之间，可能需要世界银行、国际货币基金组织和联合国来搞平准。不过这种作用目前还非常微弱。全球平准力量弱，对各国坐大既是市场机遇，也是市场挑战。

大多认为——各国的全球商略选择，有霸道和王道两种。

讲赢家通吃的是霸道，讲各国共赢的是王道。讲赢家通吃的是强用，讲互利共赢的是弱用。强用是方术，弱用是道术。弱用的，是对外弱用，对内强用。对内强用是对本国，自强不息。对外弱用是对他国，厚德载物。弱者道之用，弱用的是真强。这种一国的弱用，饱含着对世界的关怀，对人类整体的关爱，是一种"准全球平准力量"，是未来"全球平准力量"的倡导者、培养者、设计者、构建者。相反，如果一国选择了霸道商略，就将在未来全球平准力量中落伍。

"领导者意味着权力和利益"，这是霸道的商略，霸道的逻辑。"领导者意味着责任和服务"，这是王道的商略，王道的逻辑。道商、儒商和禅商，都站在王道一边，但是和霸道不形成对峙。因为王道"一边"，是句俗话。霸道有边，王道无边，所以不跟霸道对峙，不和霸道竞争。霸道有边，志在全球。王道无边，心游无涯。所以，霸道不是王道的敌人，不是王道的对手。相反，是王道的助手。这不是王道希望霸道来协助自己。不是的。是霸道必定会协助王道。所谓必定，意味着霸道必定违反自己的意志，不明不白、不由自主地协助王道成就王道。"普天之下，莫非王土"，就有这个意思。夺取天下，是霸道的既定目标。受天下推举，是王道的自然结果。大鱼吃小鱼，快鱼吃慢鱼，是霸道的商略。大鱼带小鱼，快鱼教慢鱼，是王道的本位。霸道竭泽而渔，王道放水养鱼。霸道鱼死网破，王道鱼贯而入。所以，王道是生意，霸道是死意。霸道必然转变为王道，所以霸道也是生意，所以王道无边。所以王道也是霸道的助手，协助霸道转变，升级为王道。

霸道喜欢拥有，王道喜欢放下。

霸道贵有，王道贵无。

"天下万物生于有，有生于无。"

无中生有，是王道的世传诀窍，道商的创业机密。

贵无的，无贵。

无贵，就能无所不贵。

不小看任何东西。

珍惜任何东西。

包括珍惜霸道。

玄哉!

玄之又玄，众妙之门。

♫第四十一章

上士闻道，勤而行之；中士闻道，若存若亡；下士闻道，大笑之。不笑不足以为道。故建言有之：明道若昧，进道若退，夷道若纇（lèi）；上德若谷俗，大白若辱，广德若不足；建德若偷，质真若渝，大方无隅，大器免成，大音希声，大象无形，道隐无名。夫唯道，善贷且成。

| 试译 |

上士听到道，努力去修行；中士听到道，边做边怀疑；下士听到道，哈哈大笑。不被人耻笑，就没有资格叫作道。所以有名言说：光明大道好像很暗昧，进取之道好像往后退，平坦大道颠得胃下坠；一方大德仿佛也低俗，洁白无瑕仿佛没风骨，广阔胸怀仿佛没气度，独创事业仿佛搞偷渡，坚定信念好像随风倒，特别方正反而没棱角，天生神器自然是现成，心头绝唱几乎没音频，仙风道骨哪里有定型，大道隐居从来不出名。而唯有道商，最善于借用贷款做成项目。

▲建言：立言。

▲夷：平。

▲纇：不平。

▲谷：俗。

▲辱：污点，黑。

▲建德：创建性功德，开创性功德。

▲大音：道音，伟大声音，伟大音乐。

▲质真：质直，忠贞。

▲渝：变化。质真若渝：或作"质直若渝""质德若渝"；等于说忠贞若渝，和忠贞不渝相反。

▲方：方正。

▲隅：角，角落。

▲免：或作"晚"，即"大器晚成"。

▲隐："君子之道费而隐"（《中庸》），隐士术是道的本体，因为有道的君子和圣人是"国之利器不可以示人"（《老子》《庄子》），道士即隐士、隐公，所以说"中庸不可能也"（《中庸》）。

▲贷：借贷，借用，借力。

| 体会 |

创业的一个办法就是借。

没有钱，借。

唯有道商，在创业的时候最会贷款，做成公司，做成生意。

你看古人，好比小孩子，刚刚学习讲话，没几个词儿可以叨咕的。他就借啊。古汉语最大的特点之一，就是假借。要定份合同，意思太多，词汇太少，难不倒古人，憋不死道商，他借啊。本来刚刚开始学话，词汇不多，不借不行。据说，所有的古文字，世界上一切的古文字，比如埃及古文字，苏美尔文字，最初都是这么干的［刘又辛、方有国《汉字发展史纲要》马学良《序》和《第五章"六书"和"三书"》《第六章商代的甲骨文》，中国大百科全书出版社，2000 年，第 1、78、116 页］。遇到语言大山，过不去，语言大商就出来说话了——呔，借条道，行不行？

语言大山只好点头说：好吧好吧，您过吧。

就过去了。

于是，我们挖出"山洞"里的古书，发现里头藏了很多假借字。甲骨文的假借字占到 70% 以上，1000 多个已经认识的甲骨文字，如果除去其中 700 多个假借字，那就没法读通商代甲骨卜辞了［邢华《甲骨文假借字分类研究》，西南大学硕士学位论文，2008 年，第 29 页］。假借字是什么呢？就是想表达一个意思，又没有这个字，只好借用现有的同音字，抵挡一下。抵挡多了，就固定下来了。代董事长代着代着，转正了。这要看运气。

创业的时候，资源少，就得这么过紧吧日子，什么东西没有，什么人没有，借来用一用，凑合着用一用。板凳拼起来，当作床铺。不锈钢杯子架在火上，就是饭锅。饭锅煮完饭，盛出来，就作菜锅用。现代中国的小学生写作文，想不出来的字，就用拼音代替，也算是借贷做生意，借音做文章。网迷上网，多用假名，名之曰网名。日文也有汉语的痕迹，即所谓假名，借用汉字的音和形，不用汉字的意。佛家则把一切名字都看作假名，是一种创作。创业的时候十几个人七八条枪，兼职就多，全才通才就多，这是出创意的一大窍门。借东风。虽然武器库里没有东风这种武器，但是孔明借来就用。

　　光是借来还不够，还要借去。借来借去，才算完整。创业没有钱，找银行，不贷。找大厂家，不借。找风险投资家，还是不借。只好兔子常吃窝边草，吃亲吃熟，向亲友伸手，特别是借用自己的积攒：结婚的钱啊，孩子上学的钱啊等等。据称，全球各国的创业，这是一个共同的规则，创业资金绝大多数都是吃亲、吃熟、吃自己。创业的本色，在钱字上看得分明。靠，靠自己。靠别人靠不住。靠别人，那不叫创业。靠别人，上帝也不伺候了。上帝说，谁努力，就帮谁；谁会赚钱，就借钱给谁。那不会赚钱的，连他本有的那点钱，也要拿来借给那个会赚钱的。《新约·马太福音》里说了这个故事，人们就起个名字，叫作"马太效应"。在俺山西，叫作"给肥猪添膘"。其实，创业之道也是假名，创业是谁也说不清楚的，密不可传。比如大企业是借小企业才称为大，而小企业则是借大企业才称为小，相互都是借的，连大企业小企业这种名字都是借的，单靠自己是说不清楚的，也创不出自家的大业小业来。

第四十二章

道生一，一生二，二生三，三生万物。万物负阴而抱阳，冲气以为和。人之所恶（wù），唯"孤""寡""不穀"，而王公以为称。故物或损之而益，或益之而损。人之所教，我亦教之："强梁者不得其死"，吾将以为教父。

| 试译 |

道生一，一生二，二生三，三生万物。万物背负阴气怀抱阳气，两气相冲，化作一团和气。人们讨厌的，就是孤、寡、不穀，可是王公大人就用这些来自称。所以天下的事情，有时候破坏它反而得好处，有时候给好处反而被破坏。人们汲取的教训，我也要汲取"强买强卖的，不得好死"，我会把它当作教训的头一条。

▲负：肩负，背负。

▲抱：怀抱，抱着。

▲冲：相冲，相交，相通，持中。

▲和：中和，冲和。冲气也即中气，中和之气。阴气是凝聚的，内凝的，下沉的；阳气是发散的，外放的，上升的。背负阴气时，阴气在上，在外，则阴气必然向内凝聚，向下沉淀；怀抱阳气时阳气在下，在内，则阳气必然向外发散，向上升腾。这样，外面的上面的阴气（地气）向内凝聚，向下沉淀；下面的内部的阳气（天气）向外发散，向上升腾，形成地天交泰之势，一团和气。比如通常我们看见天气在上，地气在下，也即乾在上坤在下，乾是阳气在上，坤是阴气在下，就是否卦，天地否，反而不好，不和气——《周易·否卦》说："象曰：否之匪人，不利君子贞。大往小来，则是天地不交，而万物不通也；上下不交，而天下无邦也。内阴而外阳，内柔而外刚，内小人而外君子。小人道长，君子道消也。"泰卦恰好相反，乾卦在下，坤卦在上，也即阳气在内，阴气在外，负阴抱阳，就地天交泰了，是泰卦，地天泰，

地天泰（十一）　　　　天地否（十二）

乾坤倒转反而是好事——《周易·泰卦》说："象曰：泰，小往大来，吉亨。则是天地交，而万物通也；上下交，而其志同也。内阳而外阴，内健而外顺，内君子而外小人，君子道长，小人道消也。"上卦也称外卦，下卦也称内

卦，抱就是抱在怀内。否极泰来，否卦最后一爻就很好，运气转回来了。泰极否来，泰卦最后一爻就不好，霉运转过来了。又如水火，水为阴气，火为阳气。

假如火在下在内，在地心，抱着；水在外在上，在地表，背着，由于心为火阳在下抱着，必能上升，肾为水阴在上背着，必能下沉，心火阳气与肾水阴气就能够相交，这就是水火既济，也即阴阳相济，刚柔相济，外冷内热，使地球达到一种阴阳动态平衡生态，所以地球适合生命居住。把太阳系当作一个地球，则太阳相当于地心，地球绕日公转的轨道圈层相当于地表，比地球离太阳更远的行星相当于地球大气层，这个体系也是内热外冷，负阴抱阳，形成一个阴阳动态平衡的生态，于是在地表层出现了生命。阳为刚在上在外，阴为柔在下在内，刚柔相济，身体就健康，很好的，名叫既济卦，第六十三卦。

再往前演进，倒过来了，水倒转在内在下，火翻转到外在上，抱着水，背着火，就是未济卦，火水未济，刚柔相分，负阳抱阴，心火和肾水无法相交，而是相分，身体就不好，是病态，是危机，也即未济（危机），是第六十四卦，《易经》最后一卦，这时候就不是一团和气，而是冲突开始，危机到来，下一个循环启动了，所以是未济卦，危机卦。

当然万物万事不是固定的，好中有坏，坏中有好，相互蕴含相互转化，《易经》没有一卦绝对好，没有一卦绝对坏。万物负阳而抱阴，分气以为争，以为斗，以为战，也不是绝对的坏事。危机，未济，危中有机。2008年世界金融海啸，中国汶川大地震，就是特大危机，也是中国和世界绝大的新生机遇，一个崭新的时代从此起步，世界运势由西向东大逆转开始。

 水火既济（六十三） 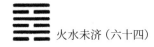 火水未济（六十四）

▲孤、寡、不毂：王侯对自己的谦称。孔子说，"德不孤，必有邻。"（4.25）自称孤，是说自己无德——"上德不德，是以有德。"（三十八章）自称寡，是说自己无道——孟子说："得道多助，失道寡助。"（《孟子·公孙丑下》）自称不毂，是说自己不善良。毂，是善良。

▲强梁：强盗，强抢恶要的人，强买强卖的人。

▲教父：师父，祖师，最高的教训。

| 体会 |

／

对"道生一，一生二，二生三，三生万物"，可以没有体会，体会是空的，就是道；如果一个空的体会也算一种体会，这就是一个体会，就是一，这就道生一了；一个空，一个一，便是二；一个空，一个一，一个二，加起来便是三；到了三，继续下去，产生万万千千种体会。

太极阴阳学家可以这样翻译——道无法形容，是无极；勉强当作一，是太极。一里头总有阴阳，掰开就是二。二里头本来串着一道，合起来是三。这个一串二、二包一的三，创造万物。

逻辑学家可以这样体会——道没有名称，是无；无是"一个"无，"一个"却是有，这就有了一；一个无，一个一，各自都是一个，合起来是二；二也是"一个"二,它们加上一个无、一个一,就是三。从三,一直这么推下去,产生万事万物。

搞集合论的数学家也可以这样翻译——集合没有元素,是空集,是道;以空集作为一个元素,是一个元素的集合,是一;空集和一个元素的集合加起来作为两个元素,做成一个新集合,是二;这样下去就有三,有四,有无穷集合。但是一切集合都有一个空集跟着,空集无所不在,道无所不在。

道商这样参悟——道商要做生意,靠道生意,靠道生出创意来。道是什么?道不出来。道得出来的不是常道,道可道非常道。道不出来,是无。道商创业,开始没有钱,没有项目,没有人才,没有市场,什么都没有。如果已经有了,那不叫创业。没有,所以创业。这就是创业之道,道商之道。这个道,这一个道,是一。吾道一以贯之的,我们的商道是一以贯之的。既然一以贯之,那是一贯到底的。所以道商自始至终都创业,一辈子都创业,子子孙孙都创业,不停地创业。创造的财富再多,一生二二生三三生万物了,也是没有,继续创业。"天得一以清,地得一以宁,神得一以灵,谷得一以盈,万物得一以生,侯王得一以为天下正"(三十九章),道商得一以为天下富。天下富,就是大家发财,就是藏富于天下。大家发财,就是大家创业。哪一天不创业了,道商就没道道了。人人都有道,百姓日用而不知。日用而不知,还是那个道,还在创业,不一定非得有个道商,有个道士,仙风道骨地在那里谈合同,打算盘,数钱。道貌岸然的,不一定是道商。上德不德,大德不仁,大象无形,大道无轨,大商无业。所以历来无人知道——老子是道商,庄子是道商,老庄是道商鼻祖。大隐于市啊,名可名非常名道可道非常道啊。在大家看不到生意的地方,道商生意兴隆啊。

所以道商的生意，从来不跟人争，人家也不跟道商争生意，历来相安无事。因为大家一看，哈这个傻瓜，"下士闻道，大笑之。"就是说，精明的生意人，听到道商讲创业之道生意之道，哄堂大笑。所以道商的生意，几乎不用做，不用动手，无为，就自始至终处在绝对垄断地位，他那一套业务从来没有他人涉足。道商自己也不用费劲，无为，完全自动化，像天地运行斗转星移那样。"天地之间，其犹橐龠（tuóyuè）乎？虚而不屈，动而愈出。"（五章）一般的商人，如何能驾驭天地的变化呢？都忙得不去抬头看太阳看月亮看星星了，忙得昏天黑地了。这满天的财富，天赐的珍宝，自然的资本，现成的资源，一般的商人是发现不了的。道商把握阴阳，驾驭日月，吐故纳新，就像鼓秋一个大风箱一样鼓秋这个天地，越鼓秋越出东西，不去争辩什么市场战略，经济学原理。他们一心一意谋发展，知道"多言数穷，不如守中"（五章），知道话说多了耽误生意，还不如守住这一个中心：一心一意谋发展，全心全意发善财。发现本有的天才，发掘本有的善财。

♫第四十三章

天下之至柔，驰骋天下之至坚，无有入无间。吾是
以知无为之有益。不言之教，无为之益，天下希及之。

| 试译 |

　　天下最柔和的东西所向无敌，纵横驰骋在天下最坚固的王国中，如入无人之境，好像无东西走进无空间。我因此明白无为的好处。无言的教训，无为的好处，天下很少有人懂。

| 试注 |

　　▲无间：读 wújiàn，譬如说"亲密无间"。又如佛家讲的"无间地狱"，梵文写作 avic-inaraka，也就是阿鼻地狱，指受罪毫无间断的地方。

▲希：少。

▲及：抵达，懂得。

｜ 体会 ｜

最柔和的东西所向无敌。

无敌，不是把敌人全打垮了，才没有敌人，而是本来没有敌人。本来没有敌人，是因为本来没有我。有我就有敌，无我就无敌。我没有，这个"无我"哪里都可以去，没人拦着这个"无我"。敌总是对着我来的。没有我，他敌个什么？无敌。无敌于天下，是朋友遍天下，不是打遍天下无敌手。无我，无人，无众生，无寿者。也就无朋友。无敌难，无朋友更难。无朋友难，忘记朋友更难。因为朋友没了，还可能天天惦记，忘不了。忘朋友难，让朋友忘记自己更难。这是从无敌讲到无友。

现在看无间。无敌无友，那就无间了，亲密无间，疏远也无间。是一样的。

假如"无间"就是极小，那么小到"无间"，就非小到"没有"才行。往小处看，"受罪毫无间断"，刹那不停，是极小。刹那不停，连绵不绝，痛苦无边，"无间"就大了，可以无边际了，又是极大。好比惠施说"至大无外，至小无内"，大和小可以贯通，甚至最大和最小是一样的。"无有入无间"，什么都没有，哪里都可以进去，到处都有。空气有空子就钻，搞得到处都是，无孔不入。石头就不行，占地方，所以有些地方它就霸占不了。空气霸气小，老躲着别人，别人一挤就跑，不怎么占地方，但还是占一点，虽然可以压缩，压缩也总有个边，有个"间"，一个"房间"，住在里头，不许别人进来。什么东西"无间"呢？空间。空间不是东西。不是东西，是空的，是没有的。说"无有入无间"，等于说"无有入无有"，或者说"无间入无间"，"空间入空间"，说也白说。虽然"白"说，却也说明"白"了。真是不说白不说。

♬第四十四章

名与身孰亲？身与货孰多？得与亡孰病？是故，甚爱必大费，多藏必厚亡。知足不辱，知止不殆，可以长久。

| 试译 |

名声和生命，哪个更亲？生命和金银，哪个更贵？发财和破财，哪个更累？所以啊，爱过头了一定破费大，宝贝收藏多了一定流失多。知道自己本来俱足的，不干亏心事；知道一切止于无为的，永远不停步，这样才可以长久。

| 试注 |

▲身：身体，人身，生命，身心。

▲孰：哪个。

▲（孰）多：珍贵，重要，好。

▲得与亡：得与失，发财与破财。

▲病：麻烦。

▲甚：过分。

▲厚：多。

▲辱：脏，污浊。

▲殆：疲惫，懈怠。

| 体会 |

／

这一掌算账，叫作算盘掌。算盘一摇，三笔大账。

第一笔亲疏账：名声和生命，哪个亲切？

第二笔贵贱账：金银和生命，哪个贵重？

第三笔劳逸账：发财和破财，哪个辛苦？

第一笔账没算好，为了名声，甚至为了虚名，会浪费生命，糟践生命。虚名，有时候看起来很实在。

比如商誉，是不是虚名？老多谈了点体会——

商誉是不是虚名，开始我以为很清楚，不是虚名。做生意，没有了商誉，一切白搭。钱是虚的，商誉是实的。反者道之动，看上去实实在在的钞票，其实是虚的；看上去虚无缥缈的商誉，反而是实的。钱没有，商誉在，很快可以翻身。

商誉没了，钱还有，永世不得翻身。

松下讲过一个故事，我一直记着。说是他有个好友，破产了，拿出自家的首饰出来，太太的首饰，都拿出来还债。这就通过破产树立了信誉商誉，因为那位朋友最后还是破产了。不过后来当这位朋友再度创业的时候，银行愿意贷款给他，认为这个人靠得住。所以说，商誉不是虚名，比钱还实在，比现金还实在。

事情要是这样，没得说，一目了然，一清二楚。可是，商场上，商誉往往不是这样。生活中，名声也往往累死人。所以很多企业，对名声似乎不大在乎。有句话叫作"名声在外"，就是双关语，有时候就有"虚名"的意思。更不要说，各个方面这个检查那个评奖的，这个竞赛那个排名的，搞得你不亦乐乎，应接不暇，眼花缭乱。商家一旦栽在这里面，就陷进去，难得出来了。商誉可能是个大陷阱。所以松下也说："不要随舆论走。"商誉有时候就是舆论。最大的一个舆论，全球性的舆论，在商家而言，恐怕"世界五百强"就是一个。好比科学界知识界的诺贝尔奖似的，让全球知识分子有可能唯马首是瞻，一谈起诺贝尔奖，就热血沸腾，脖子仰起来，涕泪横流。对于自己没获奖，连叫"惜哉惜哉"。但是中国经济如此的发展，得诺奖的经济学家也搞不懂的时候，我们中国经济学家为什么还是发虚呢？舆论。同样，当中国企业发展起来，西方企业看不明白的时候，我们的道商儒商禅商，也还是心理发虚，瞄准世界五百强一个劲儿往里冲，累得七窍生烟，那叫哪门子道商儒商禅商呢？虚名。道商应当是生命之道啊，幸福之旅啊。

所以不多说：道商不是道商，不是道商的是道商。

人家说她发癫。

大笑之。

♫第四十五章

大成若缺，其用不弊。大盈若冲，其用不穷。大直
若屈，大巧若拙，大辩若讷（nè）。躁胜寒，静胜热，清
静为天下正。

| 试译 |

大成就还觉得有缺憾，推广起来就没有弊端；大满贯还感到很冲淡，再玩
下去会妙用无穷。大直路看起来弯弯绕，大巧匠瞅一眼有点笨，大辩才听起来尽
话把。躁动能驱寒，宁静能消热，清静才是天下正道。

| 试注 |

▲成：成就，成全。

▲冲：冲淡，冲虚，"道冲，而用之或不盈。"（四章）

▲讷：木讷，说话迟钝。

▲大巧若拙：参见《庄子·胠箧》："毁绝钩绳而弃规矩，攦工倕之指，而天下始人有其巧矣。故曰：大巧若拙。"攦（lì）：折断。工倕（chuí）：人名，战国巧匠，善做弓箭、耒耜（lěi sì 耕地农具）。

▲躁胜寒，静胜热：或作"静胜躁，寒胜热"。

| 体会 |

/

真的大成就，是我们这个宇宙，这个世界。

为什么？因为它无奇不有。

你说光有好人，那不是好世界。好人光有优点，那不是好人。优点全是好处，那不是优点。

全是好人，我们就不识好歹。"近之则不逊，远之则怨。"［参见《论语·阳货》（17.25）。原文——子曰："唯女子与小人，为难养也，近之则不孙逊，远之则怨。"白话——孔子说："让女子去伺候小人，难啊！亲近一点，小人就没礼貌；疏远一点，小人就抱怨。"］好人走近我们，我们就不以为然，视若无睹，懒得理他，时不时耍耍他。说："你是好人嘛，我且耍耍你看看，看你到底好不好。"比干是个好人啊，忠臣。死皮赖脸规劝纣王啊，那个赤胆忠心。好，我纣王承认。验证一下吧？果真赤胆忠心？剖开心来看看？让我开开心？一刀下去，开心了。啊，原来圣人心有七窍啊。啊，原来圣人心没有七窍啊。开心。"近之则不逊"，太亲近了，我们对好人也没礼貌了。我们要拿她寻开心。开心一刻，这个成语就是这么来的，从这个典故来的。纣王拿比干开心，我们拿好人开心。好人不让我们寻开心，好人离开我们，我们就埋怨："真不是好东西，还好人呢，见鬼。把我扔在这里，也不管。"——"远之则怨。"所以好人哪，就是不好。他亲近我，我也烦。他疏远我，我还是烦。你说他好，好在哪里？这世界就没好人。好人真坏啊。离我不远不近的，也不行，让我觉得没劲。还不如要么离我近点，要么离我远点，那样还痛快一点。这不远不近不死不活的，什么劲。总之好人不怎么样。我不识好歹，你好人拿我没辙。好，看你还好不好。看你还自以为好不好。我看你满身都是毛病，美得你。你那么好，十全十美，我怎么学啊？学不来。高不可攀，有什么好？美得让我心疼，让我心碎，让我窒息。要是从来没见过好人，我还不会这么心疼。都是好人惹的祸。再说了，这世上要是没有好人，像我这样五毒俱全的，比起那些十恶不赦的，简直好到不知哪里去了。可见坏了我大事的，就是那些所谓的好人们。世上全是好人，就我一个恶人，我的天，哪里还有我的立锥之地啊，我面子往哪儿搁啊。"小人闲居为不善，无所不至。见君子，而后厌然隐其不善，而著其善。"［参见《礼记·大学》。白话翻译——小人闲待着，搞点名堂，什么都干。看见君子来了，就不好意思，藏着掖着，装点风度。］可见世上全是好人，真是坏透了。一点都不好。

这是大成若缺。

大盈若冲，大直若屈，大巧若拙，大辩若讷，都是这个理儿。

道商想到这个，哪里还想争第一呢？不想了。哪里还想尽善尽美呢？不想了。

因为这样的世界，尽善尽美了。

道商做生意，是没得事做，做着玩的。所以他也可以力争第一。无所谓。为什么？因为这尽善尽美的世界，什么都有，当然可以有力争第一。力争第一是我没有第一啊，可见什么都有好像什么都没有。什么都有还力争第一？岂不是我没有第一？我没有了第一，其他还有什么没有，真说不准啊。可能什么都没有。那好，正好让我们大显身手，所以什么都可以有。美哉。这缺陷充满的世界，我来修理你，开创你。"天下万物生于有，有生于无。"如果什么都有，我们还创造什么呢？死定了。所以道商拜谢这个世界，这个十恶不赦的世界。倒头便拜，曰："美哉!"

就动手开发绝版作品，开发玄之又玄的天下神器。

道商想到这个，哪里还不想争第一呢？

肯定想了。

♫第四十六章

天下有道，却走马以粪。天下无道，戎马生于郊。
祸莫大于不知足，咎莫大于欲得。故知足之足，常足矣。

| 试译 |

天下有道，战马退伍了，马粪好肥田。天下无道，战马临盆了，还得上战场。最大的不幸莫过于不知道自己本来俱足，最大的灾难莫过于贪得无厌。所以知足带来的满足，是永久的满足。

| 试注 |

▲却：退伍，退却，退回来。

▲走马：驰骋疆场的战马。

▲以粪：用马粪肥地。

▲郊：近郊，战场。

▲戎马生于郊：战马忙得在郊外战场生下马驹。

▲咎：灾难。

| 体会 |

　　一个人贪得无厌，总想发大财，总想占有整个天下，整个宇宙，无所不有。不到这个地步，人永远也停不下来，总在道上，路上，做行商，找生意做。知足才能知止，不知足就不知止。为什么？不足就不会止，没吃饱就总想吃。足了、够了，才会停止。吃饱了，才放筷子。两腿一盘，做坐贾。这个坐贾不做生意，生意自己找上门来，就游戏一番，是道商境界。《礼记·大学》开篇就说："大学之道，在明明德，在亲民，在止于至善。"这好比佛家的自觉、觉他、觉行圆满。不到觉行圆满，不到至善，人心不会停下来，人总是希望、或者贪恋了解一切，把握一切，创造一切，成就一切……尽善尽美的要求，出自尽善尽美的本性。追求尽善尽美的过程中，或许充满丑陋与罪恶，但是在至善的胸怀中，这一切都是至善的一部分。至善的一部分本身就是至善，否则不可能至善，而是相对的、有缺陷的善，有恶的善。正如无穷集合的每一无穷子集本身都是无穷集合，至善的每一部分本身都是整个至善。知道这一点，就知足了。一方面，是知"足"。足者，至善也。知道至善，知道了足够多的东西，知道了圆满之物，叫作知"足"。

另一方面，是"知"足。知者，知识也。知识已足，我的求知心愿已足。外在的一切都知道了，内在的一切愿望都满足了，内外都知足了，内外也都止住了。知足则知止。《大学》继续说："知止而后有定，定而后能静，静而后能安，安而后能虑，虑而后能得。"这个足，这个止，启动了一个伟大的精进远景，一个万里长征。足在哪里？止于何处？"上士闻道，勤而行之。"(四十一章)知足就是知道，知道就是闻道，闻道则止于至善，知道止于至善是知止。知止知足闻道知道，然后起而修道，精进不已。怎么才算知足、知止呢？知道"一切都是道的体现"，一切都是道的作用，左右逢源，头头是道："日日是好日，处处是好处，事事是好事，人人是好人。"何以见得？正如孟子相信"人皆可以为尧舜。"(《孟子·告子下》)一个人即使十恶不赦，也有一份"明德"，一颗光明无量的宝珠，一个好天性，一种良知，总是可以教化的。什么是教?《中庸》云："修道之谓教。"接着又说："道也者，不可须臾离也。可离，非道也。"天下没有无道的东西。成之在道，毁之在道，而"道可道，非常道。"(一章)所谓道，即非道，是名为道。为什么？"名可名，非常名。"(一章)要给无所不在的道取个名，必须比道还大。但是天下没有不是道的东西，没有比道还大的东西，又怎么能给道取名呢？而大也不是通常所说的大，而是可大可小的大。没办法，"吾不知其名，强字之曰道，强为之名曰大。"(二十五章)不得已而为之，而妙处即在其中："故常无欲，以观其妙。"(一章)似乎难以抓住。但是要说它有窍门、可抓住，似乎也可以的："故常有欲，以观其窍。"(一章)

♫第四十七章

不出户，知天下；不窥牖，见天道。其出弥远，其知弥少。是以圣人不行而知，不见而名_明，不为而成。

| 试译 |

不出家门，通晓天下。不借窗口，洞见天道。你走得越远，你懂得越少。所以圣人不用出门就知道，不用眼看就明白，不用动手就成功。

| 试注 |

▲户：门。

▲窥：观察。

▲牖（yǒu）：窗。

▲其：代词，他，你，他们，你们。

▲弥：越，愈，越加。

▲名：明，明白。

┃ 体会 ┃

/

《孔子家语·贤君》说到卫灵公问孔子，说："有人告诉我，当国君的，只要在朝廷上谋划好，就可以治理国家。这话对吗？"孔子说："有道理。你爱人，人家就爱你；你恨人，人家就恨你。懂得从自己身上得到一切，就真懂得如何去获得。人们说'不出四面土墙的小屋，就能得知天下的大事'，就是懂得反过来读懂自己啊。"是这一掌的掌风。

一掌出去，带风。

是不是道商，拿这一掌做标准。

呼呼大睡，到处闲逛，把总经理累得半死，自己偷着数钱。最小的花费，最大的收获。道商阴毒啊，董事长算盘鬼精啊。看起来傻乎乎的，其实猴精。还口口声声说自己是"不懂事长"，猴精啊。不用市场调查就知道行情，不用见人就知根知底知人善任，不用做项目就坐着收钱，猴精啊。眼皮都不睁一下。像猫头鹰一样，人家两眼一抹黑的，它可是看得明明白白。

♫第四十八章

为学日益，为道日损。损之又损，以至于无为。无
为而无不为。取天下常以无事。及其有事，不足以取
天下。

｜ 试译 ｜

学知识是越学越多，修道行是越修越少。少而又少，最后修到无为。无为就
可以无所不为。得天下永远靠无牵无挂。如果有牵挂，那就还没有足够的道力得
天下。

｜ 试注 ｜

▲及：若，如果。

▲无事：无牵无挂，放得下，提得起。

▲有事：有牵挂，对事情放不下，提不起。

｜ 体会 ｜

本来山最高，地最矮，谦卦却是艮下坤上，山在下，地在上。

《马可福音》中，耶稣说：

［10.43］你们中间，谁愿为大，就必作你们的用人。

［10.44］在你们中间，谁愿为首，就必作众人的仆人。

［10.45］因为人子来，并不是要受人的服事，乃是要服事人，并且要舍命，作多人的赎价——

［10.43］......but whosoever will be great among you, shall be your minister;

［10.44］And whosoever of you will be the chiefest, shall be servan to fall.

［10.45］For even the Son of man came not to be ministered unto, but to minister, and to give his life a ransom for many.

中外圣人，都这么损人。损之又损，直到无为，变成坐贾，坐着点钱。后来太多数落了他们一顿，说："还点钱啊，不是无为吗？"他们就不好意思，两手一松，无所事事，愣在那里，再也不敢点钱了。这些道商们。嗨，最后懒得连钱也不点了。这世道，不公啊。孟子还说"劳心者治人，劳力者治于人"。可这道商，不但不劳力，连心也不劳，心也不操，意也不生，却说是生意人。

听到这里，太多又说了：道商生意吗？

一位道貌岸然的，不知是不是道商，回答说：道生意，道商不生意。

其他道商，都没敢吱声。

心里惦记着钱，又不敢点。装出无所谓的样子。颂曰："损之又损以至于无为……"

第四十九章

圣人无常心，以百姓心为心。善者吾善之，不善者吾亦善之，德_得善。信者吾信之，不信者吾亦信之，德_得信。圣人在天下，歙歙（xī）焉；为天下，浑其心。百姓皆注其耳目，圣人皆孩之。

| 试译 |

圣人没私心，把百姓的心当作自己的心。好人我善待他，不好的人我也善待他，这才是真心好。讲信用的我信任他，不讲信用的我也信任他，这才是真信任。圣人在天下，有点大大咧咧；服务天下，没觉得在费心。百姓都两眼审视着，两耳探听着，圣人在他们面前，却像一个傻孩子。

／

▲圣人无常心：有的版本作"圣人无心"，或"圣人常无心"。

▲常心：固执己见，私心。

▲德：得。

▲歙歙：不偏执，大大咧咧。

▲为：服务。

▲浑：浑然一体，糊涂，大事化小，小事化了，大包容。

▲注：注意，倾注。

▲孩之：以孩子的心态待人处世；或者像保护孩子一样保护百姓。

| **体会** |

／

《吕氏春秋·圆道》："黄帝曰：帝无常处也。有处者，乃无处也。"

顾客永远是对的。有人说：这话不对，顾客有三六九等，要区别对待。首先抓住最有价值的顾客（MVC，Most Valuable Customer），这叫作"提取精华"；其次抓住最具成长性的顾客（MGC，Most Growable Customer）；最后要扔掉负值顾客（BZC，Below Zero Customer）。不过德鲁克却认为"提取精华"的做法是一种坏习惯，违背了管理和经济的基本规律，结果会丧失整个市场。为什么？因为依靠大客户，是依赖过去的成就。一旦养成这习惯，就会故步自封，长处就会变成短处，其他公司就会乘虚而入。为了防止这一点，人们希望抓住最有成长性的顾客，投资于未来。至于负值顾客，那就扔掉了。这和学校里面的做法类似，学校也可能把学生分成三六九等，优中选优，排座次。招生的时候对外排座次，优选进来。入学后对内排座次，搞末位淘汰。与此对应，教育界"教育平等"的呼声和做法一直都有。这两股力量总是在较劲。

跳出顾客的范围，有人还提出顾客第二，员工第一。理由是：好员工才能善待顾客，因此首先要善待员工。这是美国西南航空公司的做法。那么再往前推，是否要推导出"好老板才能善待员工"，因此首先要善待老板自己？老板自己第一？没见过有人这么推导。但是根据逻辑，要推就要彻底推完。推完了，问题就完全摆明了。这时候几乎不用说就明白，这个思路对不对。

有人说对，他举出《大学》，说是应该先修身，再亲民，再平天下。详说是格物、致知、诚意、正心、修身、齐家、治国、平天下，简称"格致诚正修齐治平"，八件事，第一件格物，直到修身，共有五件都是讲善待自己，善待老板。剩下三件才讲公司治理、市场运作、客户关系、服务消费者。

但是有人说：这样讲的善待，讲的第一，跑题了。善待顾客可不是这个意思。这样子去善待，好像是亏待了，不是顾客第一了。"要顾客学雷锋啊？"他们问。

但是，反对顾客第一的，也有理由：有些顾客刁蛮，钻空子，不要迁就他们，不要让他们侮辱我们的员工。人们看到，实际上，顾客经常是错的，他们由此推导出：员工才是第一。但是，员工就永远对吗？这一问，"员工第一"就站不住了。一家公司会不会有所谓刁蛮的员工呢？可见，要论证员工第一、顾客第二，至少需要寻找别的理由。理由不对，难以服众，员工、顾客都不服。

老子的办法是：无论对谁，员工也好顾客也好，善待我也好虐待我也好，我就一条"道"走到黑，善心无条件，爱你没商量。如来佛对待员工（弟子）和顾客（众生）的办法是：个个第一。

因为法也无我，人也无我，哪里有什么你第一我第一。所以说个个第一，顺着我们的好胜心说说罢了。其实呢，众生平等，没有高下。这是如来的说法。

老子的想法也简单：就像对待孩子那样；或者自己像个孩子一样。不过，也有人说：父母都做不到对所有孩子一视同仁，父母也会对孩子厚此薄彼。这就没法理论了，只有靠生活来检验：看厚此薄彼的家庭，生活质量如何。看是"家和万事兴"，还是"家斗万事兴""家分万事兴"。

像个孩子那样，就是像音乐人不多那样，没什么顾忌，敢说敢干，不怕人家不信任，相信人家不会见怪，一时见怪也无所谓，照样说心里话，照样赤诚相待，到处奏响和弦，特别是把噪音融进和弦里，把杂音揉进和弦里，格外动人。

不多的好处就是不多想。不多想，就信任人。人家讲信用，我信任他；人家不讲信用，我还信任他。有人觉得这未免有点傻。不多却觉得人们想多了。不过，想多了的，不多也信任。

人家来劝的时候，不多就打比方，说——

比如甲国和乙国有过节，常常相互威胁，动不动就要开火，所以也想缓和。于是甲国说："你搞中子弹，我不跟你签和平协议。"乙国说："你搞核威胁，你不跟我签和平协议，我就继续搞中子弹。"甲国说："你放弃中子弹开发，而且不可逆转，可以检查，我就跟你签和平协议。"乙国说："你放弃核威胁，你跟我签协议，我就放弃核计划。"你来我往，这样的对话重复了无数次，没有结果。为什么？没有信任。有人说是没有互信。信任和互信，可能不一样。互信，可能是句空话，是鸡生蛋蛋生鸡，永远搞不清楚，诺贝尔科学家也搞不清楚。原子弹科学家也搞不清楚。所以需要一个中介机构，中间平台，好比做生意需要一个银行或特别账号、中间账号，让交易双方把钱打进银行里，中间账号里，而不轻易打进对方账号里。但是，这个中介值不值得信任啊？是个新问题，不比原来的问题小。所以最终，就得学老子。你不信任我，我照样信任你，这叫自信，不叫互信。自信，就是我不管你鸡生蛋还是蛋生鸡，反正我是鸡不生蛋，蛋不生鸡，我只管吃鸡蛋，养老母鸡下蛋。科学家来了，说："什么吃鸡蛋鸡蛋的啊？先别忙着吃，鸡生蛋还是蛋生鸡还没搞清楚呢，怎么能说吃鸡蛋？不科学。"我也听不懂，俺老汉只管吃鸡蛋，养母鸡，吧嗒吧嗒老旱烟。孔子说"君子求诸己小人求诸人"。自信，是求诸己。互信，是求诸人。自信，就信任人家。不自信，就制造一个互信的文件，威逼利诱哄人家签字，人家先签，我在旁边给人家拿签字笔，恭恭敬敬的，极为虔诚。但就是不先签，名叫互信，名叫智慧，经商秘笈。自信的呢，把老母鸡养好就行，有蛋大家吃，其余的不争论，无协议。

"大信不约"——听者替不多总结说。

♫第五十章

出生入死。生之徒，十有又三；死之徒，十有又三；人之生，动之死地，亦十有又三。夫何故？以其生生之厚。盖闻善摄生者，陆行不遇兕（sì）虎，入军不被披甲兵。兕（sì）无所投其角，虎无所措其爪，兵无所容其刃。夫何故？以其无死地。

| 试译 |

生出来的都要死，死的原因在于生。人身上的生存工具，大的有四肢九窍，共十三样；死亡工具也是这十三样；求活命反而致命的工具，还是这十三样。什么缘故呢？因为他贪生怕死，对小命照看了又照看。听说会养生的，走路遇不到犀牛猛虎，入伍不披挂盔甲兵器。即便遇险，犀牛没地方用角顶他，猛虎没地方用爪抓他，战士没地方用刀砍他。什么缘故呢？因为他根本就没有致命点。

▲徒：类，属。

▲十有三：十又三，十加三，十三；按《韩非子·解老》的说法，也就是人身上十三个工具，包括四肢（两手两脚）九窍（两眼两耳两鼻孔一嘴一肛门一尿口）；"十有三"的另一种翻译是"十分之三"。

▲盖：发语词。

▲兕：雌犀牛。

▲被：pī，披，披挂。

▲兵：兵器，战士。

▲死地：坟地、致命点。

| 体会 |

／

道家功夫深浅，这一章有所描述。

哪家企业不死？哪个死了不生？企业创办了破产了，破产了创办了。死的原因在于生，生的原因在于死。破产起于创业，创业起于破产。亏本是因为盈利，盈利是因为亏本。都是那些家伙，那些材料，用起来一个出生，一个入死，做出来一个地狱，一个天堂。套路不同，拳法不同，关键是价值观不同，要求不同。所以你看他死了，我看他羽化登仙，完全不是一码事。我看他生了，你看他转身投胎，根本不是一条道。所以下课的，可能是功遂身退。关门歇业的，可能是大隐于市，太公钓于渭水之上。

所以功夫深的，走路遇不到猛虎，打仗不用带兵器，做生意遇不上对手，入市不用做广告，不用带计算机计算器，不用搞市场调查，不用搞产品设计，神了。翻手为云，覆手为雨，指鹿为马，撒豆为兵，点石成金，握银成粪。

用这种标准看世界五百强，就知道中国功夫，道商修行，何等的不同了。世界道商大会讨论过未来商界的一件大事，就是如何判断商界成就的高低? 有没有必要在世界五百强之外设立一套新的商界标准?

这件事暂时没有结果。

一些与会者说: 至誉无誉，道常无名。道家做生意，完全不在乎排名。

听到这些议论，另一些人也不好坚持排名。

还在讨论中。

建议搞新标准的，说: 无所不为。搞个标准也是可以的。

但是，在这一派中，也有个争论: 标准怎么定? 由谁来掌握来应用?

一般都是说: 当然得有老子。得请老子出来。

至少也得等庄子出来。

不然，恐怕把道商搞成了倒商，脖子上就有刀伤了。"夫代司杀者杀，是谓代大匠斫 (zhuó)。夫代大匠斫者，希有不伤其手矣。" (七十四章) 代替大师傅动刀的，少有不弄伤自己手的啊。想代替老子说话，假传圣旨，恐怕要像赵高一样，死无葬身之地了。

第五十一章

道生之，德畜之，物形之，势成之。是以万物莫不尊道而贵德。道之尊，德之贵，夫莫之命而常自然。故道生之，德畜之，长之育之，亭之毒之，养之覆之。生而不有，为而不恃，长（zhǎng）而不宰，是谓玄德。

| 试译 |

每样东西都是从道生出，由德哺育，借物得形，顺势而成。所以万物没有不尊道重德的。道的尊荣，德的高贵，是根本无需命令就自然这样的。所以道创造万物，德哺育它们，培养它们，成就它们，最后赡养护理它们。创造而不占有，服务而不摆谱，领导而不专制，叫作玄德。

试注

▲道生之：孕育期，道创造万物。生，创生，生育。

▲德畜之：幼年期，德哺育万物。畜：蓄，蓄养，养育，哺育。

▲长之育之：青少年期，德培养万物。

▲长：本章的两个长，都读 zhǎng。

▲"亭之毒之"，壮年期，德成熟万物，成就万物。按照朱谦之《老子校释》〔中华书局，1984 年。下面简称《校释》〕，可以读为"成之熟之"。1979 年修订1 版《辞源》〔本书引用《辞源》均为本版〕0156 页上有"亭毒"一词，把"亭之毒之"压缩来讲，指的是化育，养育。《辞源》1694 页说这个"毒"字在这里也有"役""治"的意思。

▲养之覆之：老年期，德赡养、护理万物。

体会

道无始无终，从生到死负责，一以贯之。

德无欲无求，全心全意服务，无微不至。

不多、太多和大多读到这一章，有过一番对话。

不多说：企业全靠"道生意"。道生之，就是道生意。道无始无终，永远在创业，终生都保修。

太多就顺着竿子爬，接下去了：道创业，德养业。

大多赶紧往下讲：借各种资源做成产品，顺着消费者大势推向市场。

太多：所以商场上一切产品，没有不靠尊商道、重商德而成功的。

大多：所以靠商道创业，靠商德养业，靠商德成业，靠商德护业，守业。

太多：转业，重新创业。

大多：养之覆之，赡养长辈，护理长辈，就是继承他们的创业传统，延续他们的创业精神，刷新他们的原创大业。

♫第五十二章

天下有始，以为天下母。既得其母，以知其子。既知其子，复守其母，没（mò）身不殆。塞其兑，闭其门，终身不勤。开其兑，济其事，终身不救。见小曰明，守柔曰强。用其光，复归其明，无遗身殃，是为袭常。

| 试译 |

天下有个创始的，认她作天下母亲吧。认了母亲，就认得子女。认得子女，再回家守养慈母，一辈子不停。闭上嘴巴，关上门窗，一辈子都不外求。张嘴大说，开门大忙，这一生无可救药。发现苗头，叫作明察；保持柔和，叫作强大。借用她的光辉，回归她的圣明，不给自己留下祸根，就是传承孝道。

▲天下有始：无名，天地之始。

▲以为天下母：有名，万物之母。

▲其母：天下的母亲。

▲其子：天下的子女。

▲没身：终其一生。

▲殆：危险。

▲其兑：天下子女的兑。

▲塞：读 sè。

▲兑：《周易·说卦》讲"兑为口"，为口舌。《说文解字》说"兑"象征气的分散。《辞源》讲"兑"是孔穴。河上公说"兑"是眼睛。

▲其门：天下子女的门。

▲门：门户，门和窗。河上公说"门"是口。

▲勤：辛勤，忙乎，有为，执着。

▲其事：天下子女的事。

▲济：救济，救援，救火，救苦救难，救急。所以下文说"终身不救"。

▲事：急事，危难。

▲其光：天下母亲的光。

▲光：心光，道光，德光。

▲复归其明：回归天下母亲的圣明。

▲无遗：不留下。

▲身：自身。

▲无遗身殃：无身遗殃，不给（无）自己（身）留下（遗）祸根（殃）。

▲是为：这就是。是，这，此。为，是。是为，有的版本作"是谓"，意思是"这就叫作"。

▲袭常：承袭传统。袭，承袭，传承。常，经常，常道，传统。

| 体会 |

这一掌，打出的是"终生创业，永不停息"。

不多看什么都不多，她参与创办了很多公司，合起来叫作不多集团。看到这一章，她这样翻译——

♪天下创业，有个开始，我们称它作孵化器。创办了孵化器，就用风险投资孵化小鸡。小鸡孵化越多，越是强化孵化器，一辈子都不会破产歇业。闭上嘴巴不做广告，关起门来不拉生意，一辈子都不缺钱。张嘴叫个不停，开门忙个不迭，这辈子无药可救。发现小鸡仔的大商机，是一世英明。守在小鸡旁持柔毛毛，是做大做强。打开孵化器的全部灯光，恢复我们天生的英明，不给自己留下祸根。这就叫作创业传统绵绵不绝。

看什么都不多，再多也是不多，所以总是想创业，总是在创业。不多不多，多乎哉，不多也。不多集团的徽标，就是孔乙己，请一位国画师画的，又用了鲁迅先生的书法"不多"二字。公司的口号，就是这一句——"不多不多，多乎哉？不多也。"公司的礼品，就是鲁迅先生的小说《孔乙己》，全文也都用鲁迅书法。这个礼品很怪，需要自己去"窃"。孔乙己说："窃书不能算偷……窃书！……读书人的事，能算偷么？"开始以为，这种礼品，谁要啊？不是侮辱人格吗？不尊重客户吗？把客户当孔乙己吗？结果，喜欢体验一下孔乙己心态的，大有人在，觉得很好玩。不多集团的各个分部里，还全都设置了茴香豆专柜，提供各种茴香豆，自动提取。提取的方式，也是仿照孔乙己——"对柜里说，'温两碗酒，要一碟茴香豆。'便排出九文大钱。"温两碗酒，是用一杯开水代替，九文大钱，就用现在的硬币代替，九分，凑足九分，一路排开，自动取豆机就会自动识别，自动送出一小碟茴香豆来，九颗。各种味道都有，按一下取豆机上的菜单就行。取来九颗茴香豆，那九分钱就会自动退出来，你可以拿着这重新到手的"九文大钱"，再一次排开，再取一小碟茴香豆，可以换个口味。这种游戏，客户也喜欢做。所以茴香豆是免费提供的。取豆机的名字，毫无疑问，就叫"孔乙己自动取豆机"。自然，这孔乙己取豆机做得十分卡通，深得小朋友，甚至大人的喜爱。

不多还给这个游戏配了音乐，不多是音乐人，做这种事情很拿手。时间多一点的客户，还可以参加小品游戏，就是把孔乙己的故事编成小品，各种服装道具都有，客户可以参与。这是一个经典保留节目。每到节假日，公司和客户大联欢，各种风格的孔乙己小品，登台演出，留下录像，让顾客带走作为留念。其中渐渐就产生了一些意想不到的精品。

不多集团从来不做广告，但是这一类的游戏层出不穷。这里说的，只是沧海一粟。

♫第五十三章

使我介然有知，行于大道，唯施（yí）是畏。大道甚夷，而民好径。朝（cháo）甚除，田甚芜，仓甚虚；服文采，带利剑，厌_饫饮食，财货有余，是为盗夸。非道也哉！

| 试译 |

假使我特别明白，执意要走大道，那就唯恐开小差，拐到岔道上去了。大道特平坦，人们却偏爱操小路。朝廷雕梁画栋，拜官晋爵，热闹得跟，田地却荒了，仓库也空了；衣着华丽，佩带宝剑，山珍海味吃腻了，财产多得用不完，这叫作"大盗"，根本不是什么"大道"啊。

▲使：假如。

▲介：耿直，大。河上公也说是"大"。

▲介然：李涵虚取"特操"之意，指有特殊操守，坚定执着。

▲施：通"迤"，逶迤曲折、走邪道的意思。《说文解字》说施是"旗貌"，旗子的样子，徐锴（徐铉、徐锴哥俩都是南唐时的大学问家，得亏他俩，《说文解字》才得以传到今天）进一步说是旗子逶迤。

▲夷：平坦。

▲民：泛指人。

▲朝：朝廷。

▲除：修饰，整治；除官，即除旧官，换新官。

▲厌：餍（yàn），吃饱。

▲夸：奢侈。

| 体会 |

有位超级间谍，退休后，和敌国的一流间谍相遇。

一流间谍：您好，达尔道先生。

达尔道：您好，九爷。

一流间谍009，绰号九爷，并不知道他面对的，是一位超级间谍。

009：退休后干什么啊？

达尔道：老本行。

009：不是退了吗，还干啊？

达尔道：啊，你问的是上班啊？那个，早就退了，不干了。

009：那你的老本行……

达尔道：三句话不离本行。

009：我也不是想打听什么。

达尔道：我是说啊，我的老本行，就是看看报纸，遛遛街，聊聊天，听听广播，看看电视，看看风景。

009：这我知道。

达尔道：您看，这不，整版都是间谍的报道，加盐添醋的，味道很足啊。消遣消遣，比看电视连续剧还有味道。

009：可以想象。

达尔道：对。看了文字报道，再看电视，没劲了。

009：不如自己想象的带劲。

达尔道：不如自己想象的准确。

009：不如自己想象的好玩，准确就难说了。

达尔道：世上没有准确的信息，如果自己没有想象的话。

009：有道理。

达尔道：据说有个一流间谍说过，忘记是哪国的了，他说啊，他 99.1% 的情报都从公开渠道得来。

009：只有 0.9% 来自秘密渠道。

009 心中一动，还是毫不犹豫地说出了这个数字。

达尔道：他还引用了中国老子的一句话："大道甚夷，而民好径。"

009：是啊，喜欢打听小道消息，不是大间谍。

达尔道：孙子兵法最后一篇，《用间》，讲的五种间谍，乡间、内间、反间、生间、死间，只是一种分类。看不出高低。这一篇最后讲的两位，才是超级大谍。

009：一位伊挚，一位姜子牙。

达尔道：伊挚，就是伊尹。在夏朝一般人眼里，就是一个奴隶。在另一些人眼里，则是一个大厨师。可是在商王的眼里，却是一个大谋士，大军师，大宰相。在孙子的眼里，更是一个超级大谍。还有姜太公，钓鱼，谁也想不到是个间谍，而且是个超级大谍。他一起竿，就钓了一个大天子。你说这个情报大不大。

009：孙子眼里全是情报，全是间谍。

达尔道：从《用间》篇看，开头看不出来。一直看，似乎都看不出来。最后要再见了，整部《孙子兵法》打扫战场了，《用间》也用完了，顺便一转身，说声再见的时候，忽然冒出了伊挚、姜子牙两位超级大谍，你说神不神。

009：孙子的奇兵。最后才忽然亮出双剑，裁天裂地。一个帮商汤得天下，一个助武王得天下。

达尔道：任何一柄，都能一剑封喉。

009：这种间谍，才真是防不胜防。

达尔道：全民皆谍，草木皆兵。

009：99.1% 皆谍，0.9% 非谍。

达尔道：飞谍，飞碟。

009：哈哈，飞碟，飞碟。

♫第五十四章

善建者不拔，善抱者不脱，子孙以祭祀不辍。修之
于身，其德乃真；修之于家，其德乃余；修之于乡，其
德乃长（cháng）；修之于国，其德乃丰；修之于天下，
其德乃普。故以身观身，以家观家，以乡观乡，以国观
国，以天下观天下。吾何以知天下之然哉？以此。

| 试译 |

善于建功立业的，功业千秋不灭；善于抱朴修真的，修道分秒不歇；子孙万
代香火兴旺，祖业传承祭祀不绝。自身修道，有真德，成为真人；一家修道，有
余德，年年有余；一乡修道，有长德，源远流长；一国修道，有丰德，丰衣足
食；天下修道，有普德，道光普照。所以自己要关照他人，我家要关照他家，我
乡要关照他乡，我国要关照他国，我们的天下要关照后人的天下。我如何把握天
下大势呢？就靠这个办法。

／

▲拔：拔除，摧毁。

▲抱：抱朴，怀抱纯朴的天性。

▲脱：挣脱，逃脱，走脱，松脱。

▲辍：停息。

▲修：修道。

▲以：用，靠。

▲观：观照，关照；观是观察，观照，也是关心，关照。

▲知：是了解，也是处理，所以古代有知县、知府、知州，是知行合一的"把握"。

▲然：状况，情势。

▲以此：用此，用这个，凭这个。

| 体会 |

／

这一章引发了考证。

梁涛先生的文章《郭店简与〈大学〉》考证说——

这可以说是《大学》"修、齐、治、平"思想的最早来源。

《礼记·大学》说道——

♪大学之道，在明明德，在亲民，在止于至善。知止而后有定，定而后能静，静而后能安，安而后能虑，虑而后能得。物有本末，事有终始，知所先后，则近道矣。古之欲明明德于天下者，先治其国；欲治其国者，先齐其家；欲齐其家者，先修其身；欲修其身者，先正其心；欲正其心者，先诚其意；欲诚其意者，先致其知；致知在格物。物格而后知至，知至而后意诚，意诚而后心正，心正而后身修，身修而后家齐，家齐而后国治，国治而后天下平。自天子以至于庶人，壹是皆以修身为本。其本乱而末治者，否矣。其所厚者薄（báo），而其所薄者厚，未之有也。此谓知本，此谓知之至也。

考证完了，要派点用场，看看这一章的商用版——

♪善于创建公司的，百折不挠；擅长自我修炼的，一心不乱；接班人继往开来，商道传承不绝。董事长一人修炼，商德真切；一家修炼，商德和美；全公司修炼，商德长久；全集团和上下游商家共同修炼，商德丰沛；携手天下人无论商家还是消费者一齐修炼，商德如阳光灿烂，普照一切。所以，道商修炼商道，自己先修炼，带动亲人修炼；自家先修炼，带动邻家修炼；本公司先修炼，带动兄弟公司修炼；本集团先修炼，带动上下游产业链共同修炼；天下当代人无论商家还是消费者先修炼，带动天下后代人无论商家还是消费者继续修炼。我如何得知天下商家财运和市场行情走势呢？全凭这个修字。

顾客第一，还是员工第一，或者老板第一，股东第一？

这一章，应该是一个回答。

全看修炼如何。

谁修炼得好，谁自然第一。

否则，谁也别想第一。

这是中国式管理的回答，道商的回答。

观就是做，观照就是观照，观察就是修炼。以天下观天下，就是以天下治天下。

为什么？可以参考管子的话。

《管子》的第一篇《牧民》这样说："以家为乡，乡不可为也。以乡为国，国不可为也。以国为天下，天下不可为也。以家为家，以乡为乡，以国为国，以天下为天下。"

还可以补充说：以人为家，家不可为也。

所以应当以人为人，也就是"以其人之道，还治其人之身"。通过旁人的这种刺激，实现人家的自治。这是刺激人家自我修炼，让人家逐步认识自己的根本利益是什么，然后为他自己的根本利益而做事，而修行。

然后可以"以家为家"，也就是"以其家之道，还治其家之体"。然后以乡为乡，"以其乡之道，还治其乡之体"；以国为国，"以其国之道，还治其国之体"；以天下为天下，"以天下之道，还治天下之体"。

人道、家道、乡道、国道、天下之道，都是同一个大道，体现在不同方面。所以，《管子·形势》说，道所指的是同一个东西，只是运用的时候有所不同。有的人闻道之后喜欢持家，他就是一家的有道之士；有的人闻道之后喜欢养乡，他就是一乡的有道之士；有的人闻道之后喜欢治国，他就是一国的有道之士；有的人闻道之后爱好为天下服务，他就是天下的有道之士；有的人闻道之后喜欢平定万物，他就是天下为公的大道明主。

那么，商道如何呢？

♫第五十五章

含德之厚，比于赤子。蜂虿（chài）虺（huǐ）蛇不螫（shì），猛兽不据，攫鸟不搏。骨弱筋柔而握固。未知牝牡之合而朘（zuī）作，精之至也。终日号而不嗄（shà），和之至也。知和曰常，知常曰明，益生曰祥，心使气曰强。物壮则老，谓之不道，不道早已。

|　试译　|

美德涵养深厚，像个初生婴儿。毒虫蛇蝎不咬，猛兽不扑，饿鹰不击。筋骨柔弱，双手紧握。不懂男女情爱，阳物自然勃起，精力旺盛极了。整天号哭，嗓子不哑，和畅极了。懂得和畅，叫作常道；懂得常道，叫作圣明；贪生纵欲，叫作妖祥；由着小性子发脾气，叫作外强中干。外强中干的，老得就快，叫作不符合自然之道。不合自然之道，死得早。

▲赤子：初生婴儿。

▲蜂虿虺蛇：或作"毒虫"。虿：蛇蝎类毒虫。虺：一种毒蛇。螫：毒虫毒蛇咬刺。

▲据：用爪按住，据为己有。

▲攫：鸟用爪迅速抓取。

▲搏：鸟用翅膀打击猎物。

▲握固：屈指成拳。

▲牝牡（pìnmǔ）：牝为雌性禽兽，泛指阴性；牡为雄性禽兽，泛指阳性。

▲合：交合。

▲朘：男性生殖器，或作"会"；"未知牝牡之会而朘怒，精之至也。"（乙本）

▲作：挺举，勃起。

▲精：精气。

▲号：哭叫。

▲嗄：嗓音沙哑。

▲和：阴阳调和。

▲益生：纵欲贪生。

▲祥：妖祥，凶兆。

▲心使气：任性使气，而不是虚心顺气。

▲强：逞强；或通"僵"，僵硬，呆滞。

▲已：结束，死亡。

| 体会 |

／

一本老子，一言以蔽之：赤子之心。

现在很多人把《孙子兵法》用到商战上，认为商场如战场。甚至把《三十六计》用到商战上。但是，对于战争的体认和把握，还是《老子》老到。老子的老到，就因为他是个赤子，"含德之厚"，敦厚，厚道，没有那么多恩怨情仇，打打杀杀。

说商场如战场，孙子却说"不战而屈人之兵"。这几乎成了世界各国兵法最经典的一句战略方针。要从这里再往上走，是个什么境界呢？

不多说：有句话叫作仁者无敌，比"不战而屈人之兵"，境界更高。

大多：老子有没有这样的指教？

不多：有。第五十五章就是。

大多：含德之厚，也是讲仁德的。

不多：《老子》讲含德之厚，《易经》讲厚德载物，都是讲做人要厚道。厚道，谁都不愿意疏远你，谁都愿意亲近你。谁都不恨你，谁都爱你。

大多：没有敌人，也就没有战场，没有兵法，没有战略战术。

不多：没有火药味。走到山里，身上有火药味，飞禽走兽都能闻出来，看见你就跑，要么就冲着你瞪眼，冲过来咬你。

大多：火药味，野兽也知道？也害怕？

不多：挨过枪子的，自然知道。不过，我说的火药味，是广义的。身上的血腥气，膻气，臊气，就是吃动物宰杀动物的那股气，也是火药味，动物最敏感。大老远就闻出来了，就一级战备了。

大多：这样说的话，杀气算不算？

不多：算。杀气更应该算。有杀气，你还没动手打，就已经树敌了。

大多：仁者无敌，是这个意思，没有杀气。

不多：是的。没有杀气，没有膻气臊气血腥气，走到深山老林，都很安全。飞禽走兽都会来亲近你。大舜奏《韶》乐，百兽起舞，凤凰来仪。

大多：得兽心者得天下。

不多：很多老道士，在山里面一辈子，有很多很多狐朋狗友，虎兄狼弟，亲热得很。

大多：传说古代有位大公主，就有奇遇。她的奇遇，源于她的慈悲。宫廷斗争十分厉害，刀刀见血。公主厌烦了，看不惯，就削发为尼，来到一座山上。刚去的时候，就有一只猴子给她引路。她在山里跪了三天三夜，非常虔诚地发愿、忏悔。结果忽然来了一只老虎，把她含住。公主一点都不恐慌，也不睁眼，心里默念菩萨，一心修道。老虎就把她驮在背上，一直驮上了山头，跳过一个大峡谷，到了一个平常人上不去的地方，把公主放在那里，据说是一个神仙洞。然后老虎天天给公主衔些野果子吃。公主和老虎成了朋友，经常在山里治病救人，度过许多春秋。

不多：所以有人说，把商场看作战场，不厚道。不厚道，树敌多，生意不好做。天天和死神见面。

♫第五十六章

知_智者不言，言者不知_智。塞其兑，闭其门，挫其锐，解其分_纷，和其光，同其尘，是谓玄同。故不可得而亲，不可得而疏；不可得而利，不可得而害；不可得而贵，不可得而贱。故为天下贵。

❘ 试译 ❘

　　智慧的不说话，说话的没智慧。闭上嘴巴，关起门来，收敛锋芒，调解纠纷，柔和光辉，同在红尘，这叫作玄同。所以是不可能亲近的，不可能疏远的；不可能加强的，不可能损害的；不可能高看的，不可能小看的。所以是天下最值得高看的。

▲知：智，智慧。

▲兑：口，嘴。

▲门：门户，门窗。

▲挫：收缩，收敛。

▲锐：锋芒。

▲挫锐：李涵虚说是"挫锐而不为锐挫"。

▲和其光：柔和他的光辉，光芒不刺眼，李涵虚说是"和光而幽光"。

▲分：纷，纷乱，纷争，纠纷。

▲解纷：李涵虚说是"解纷而不为纷扰"。

▲同尘：同在红尘，超脱红尘，李涵虚所谓"同尘而出尘"，就是玄同。

▲玄同：参考第一章——"此两者，同出而异名，同谓之玄。玄之又玄，众妙之门。"

▲得而：得以，能够。

体会

中国的生意人，很多都有师父。这是一个中国特色，老传统了。

大多、老多、不多、太多，各自都有自己的师父。师父有些是道家的，有些是佛家的，也有儒家的，据说还有鬼谷子的，兵家的。还有些说不好是哪一家的，兼收并蓄。

所以，中国管理界的教学系统，基本上是两套。一套是人人看得见，通过正规考试的，拿文凭的，各种管理学院商学院，各种管理学课程。目前主要是西方管理学。但是 2008 年之后，东方管理学，中国管理学，开始起步了。原先也有，改革开放三十年，也有一点中国管理学的探索，但是不算起步，是在热身，在试水。2008 年之后，起步了。这是一个决定性的历史转折。

但是中国管理学，其实有自己独特的教学系统，在民间，在生活的各个角落，都有。叫作"师徒传承，知行合一，大象无形"。

这样的一套体系，在大专院校里，难以成气候。因为现在的大专院校，基本上仿照西方大学的模式在走，在改。即使 2008 后，转向东方管理学中国管理学，但是船大难掉头，正规的院校体系，它本身的管理体系就是一个大问题，转起弯来比较吃力。好比中医，靠现在的中医学院，难以恢复元气。

"不过，这一点都不影响中国管理学的发展。"

不多就这个问题多次请教师父的时候，师父总是这样说。开头不多以为师父是在安慰自己。日子久了，不多相信了。

师父：相信了？

不多：相信了。师父还是对我有些怀疑啊。

师父：师父相信你，相信你会更加相信的。

不多：我也相信。我的信心会更足的。

不多的这位师父，她从来没对别人提起过。因为师父不让说。不多以为师父应该接引更多的人，想请师父出山。师父总是说她瞎操心。有一次，师父的回答让不多感到意外。

不多：师父，还是发点慈悲，出山吧。

师父：你是说我在山里吗？

不多一下就愣住了。从此再也不请师父出山了。

不多一想，是啊。师父和我出出进进的，我哪个朋友他不认识，哪个客户他没见过啊？但是朋友们客户们都把师父当作一个普普通通的开心果，身体那么好，心情那么好，都不往别处想。这么多年来，师父在场，生意上的纷争，就是少。生意做得也越来越顺手。对市场份额、发展速度的追求，越来越淡了。心稳了，活泼了。不急不躁，不疲不沓，不麻不木。你亲近我，疏远我，帮助我，祸害我，抬举我，打压我，都没有原先那么反应强烈了。虽然还不能像师父那样了无牵挂、有求必应，但生活质量的确不同了。

生活的质量高——不多感叹说——这是师父给我的最大点化。光是"和其光同其尘"这六个字，就价值连城。开头读不懂，请师父出山。但是师父的潜移默化，我渐渐领会了一点。师父怎么活得如此自在呢？生意不就是图这个吗？

师父：图，那就不好了。

不多：不图，那就不好了。

师父：贫嘴。

♫第五十七章

以正治国，以奇用兵，以无事取天下。吾何以知其然哉？以此：天下多忌讳，而民弥贫；民多利器，国家滋昏；人多伎巧，奇物滋起；法令滋彰，盗贼多有。故圣人云："我无为，而民自化；我好（hào）静，而民自正；我无事，而民自富；我无欲，而民自朴。"

│ 试译 │

　　靠正道治国，靠奇术用兵，靠无事得天下。我何以知道这些呢？凭这个：天下禁忌越多，百姓日子越穷；民间能人越多，国家政局越黑；人的招数越精，妖孽怪物越奇；法律条文越细，强盗窃贼越滥。所以圣人说：我无为，百姓自然感化；我好静，百姓自然正直；我无事，百姓自然富裕；我无欲，百姓自然朴实。

| 试注 |

▲奇正：正，正大光明，直来直去，阳关大道，公开对阵。奇，诈术诡计，旁门左道，曲径通幽，奇思怪想。比如古代作战，以对阵交锋为正，埋伏偷袭等为奇。古代中医，有奇经八脉，十二正经。

▲弥：更加。

▲民多利器：或作"朝多利器"。

▲利器：圣贤，能人。

▲伎巧：机巧，伎俩。

▲滋：滋长，滋盛，滋繁。

▲盗贼：劫夺和偷窃财物的人。盗贼是个通名。分开说，先秦大体上把私窃叫作盗，劫杀叫作贼。后来渐渐反过来，强取叫作盗，私偷叫作贼。

▲好：喜好，爱好。

| 体会 |

市场经济的精神就是：政府无为，市场无所不为。

道家商圣的精髓就是：老板无为，员工无所不为。

把第五十七掌翻转过来，就是这样。

翻手为云，《老子》的原文。覆手为雨，市场的写照。

♪在正台宏观调控，出奇门驰骋市场，靠无事赢得天下。我如何知道这一切的商机呢？凭下列几点——天下禁忌越多，越不敢想不敢说不敢做，老百姓日子就越穷；商人越是依靠暗器杀手锏，全球市场就越是伸手不见五指；人越是贪婪奸诈手段高明，激素、毒品等各种刺激物就越发涌上流水线；律法戒规越是铺天盖地汗牛充栋，作奸犯科玩弄法律的窃国大盗就越是肆无忌惮。所以商圣说：我不用多嘴，大家自己就开悟；我安安静静，大家自然走正道；我不上项目，大家自己发大财；我清心寡欲，大家自然就天真可爱。

♫第五十八章

其政闷闷，其民淳淳；其政察察，其民缺缺。祸兮福之所倚，福兮祸之所伏。孰知其极？其无正。正复为奇，善复为妖。人之迷，其日固久！是以圣人方而不割，廉而不刿，直而不肆，光而不耀。

| 试译 |

　　政策宽松一点，百姓就淳朴一点；政策苛刻一点，百姓就躲避一点。祸啊，里头有福睡着；福啊，里头有祸藏着。谁知道最终结果？这个问题没有定准。正的会翻转为奇的，好人会折腾出大错。人的脑瓜糊涂，日子久了去了！所以圣人方正却不孤傲，清廉却不清高，直率却不放肆，光彩却不刺眼。

▲其（政/民/日）：语助词。

▲闷闷：静默，闷声不响。

▲淳：淳朴。

▲察察：苛察，苛刻，挑剔。

▲缺缺：该到而没到，缺位。

▲极：极顶，究竟，最终结果。

▲其无正：有的本子作"其无正耶"。正，正解，定准，确定不移的结果。

▲方：方正。

▲割：割伤。

▲廉：棱角，廉正，廉利，锋利，廉洁。

▲刿（guì）：划伤，刺伤。

▲直：直率，质直，耿直。

▲肆：放肆，肆无忌惮，侵犯。

| **体会** |

/

多年后，有位世界五百强大老板去世了。人们打开他的《创业史记》，翻到这一天的心得——

商家悟性不够，道商师父就不出来认徒弟。

他在暗中。我需要的时候，他悄悄扶一把。

悟性不够，往往表现在这几个地方，想不清楚——

什么是福？什么是祸？

什么是正道？什么是奇门？

什么是神仙？什么是妖怪？

什么是道商？什么是奸商？

搞不清楚。

道商师父出来，我也拜了，磕头了，发誓听师父的。可是事情一来，我照样我行我素，甚至一铲子把师父撂倒在地，自顾自地冲上去了。师父在后面大喊不要去啊不要去啊，也徒呼奈何。教训啊。

师父不愿意办学，不愿意招生，不愿意讲课，不愿意收徒，不愿意为人师表，不愿意做师父，反而愿意认弟子做师父，就是基于这多种考量。所以好多道商师父，都是著名CEO的弟子。这些CEO天眼锐利，商场称雄，弟子无数，包括将自己的大师父收为大弟子，却毫无察觉。慧眼没开。

道商培养弟子的绝招之一，就是投身到弟子门下，拜自己的大弟子为大师父。这是一般的管理学院所梦想不到的教学方法。

他有足够的耐心。他自己虽然方正，却没有棱角，从不格塞人。他自己虽然干净，却没有洁癖，从不嫌人脏，总是和人家滚在一起。他自己虽然直爽，却从不出口伤人。他自己虽然满身光彩，却从不照人，一点不像太阳似的光芒万丈，让人不敢睁眼正视。

♫第五十九章

治人、事天，莫若啬。夫为啬，是谓早服_复，早服_复谓之重（chóng）积德。重积德则无不克。无不克则莫知其极。莫知其极，可以有国。有国之母，可以长久。是谓深根固柢、长生久视之道。

| 试译 |

协调人事关系，尊重本有天性，没有比倍加珍惜更好的心态。倍加珍惜，叫作尽快复归天性。尽快复归天性叫作多多积德。多多积德，就挑战自我、攻无不克。挑战自我攻无不克就没人能赞叹他的道行多高。没人能赞叹他的道行多高，就可以拥有国家。夯实国家的根基，就可以长治久安。这是深根固蒂、长生久视的办法。

▲事：服事，尊重。

▲啬：本义是收获谷物，此处为爱惜，珍惜，不浪费，不放逸。

▲是谓早服：或作"是以早服"。

▲早服：王弼解释为"常也"，河上公则说"早得（天道）"。这里看作"早复"，早早复归天性。

▲重：重复，多，深厚；或读 zhòng，重视，崇尚。

▲无不克：攻无不克战无不胜，最重要的是克己，战胜自己。

▲知：懂得，知爱，知重，赏识。

▲极：极顶，根底，底细，边际。

▲母：根基。

▲柢（dǐ）：直根；翻译的时候改为"蒂"，因为有的版本作"蒂"，意义有变化，指花或瓜果跟枝茎相连的部分，比如瓜蒂、花蒂。

| 体会 |

人事关系，国际关系，人和自然的关系，都需要倍加珍惜。倍加珍惜，才可以长治久安，长生久视，可持续发展。对此，不多有体会。她和太多妹妹谈起2009 年底在哥本哈根召开的联合国世界气候变化大会，深有感触。

不多：全球气候变化，是全人类的事情。每个国家怎么办？一个国家有没有远见？有没有全局？有没有全球意识全球胸怀？可以看出这个国家的未来。所谓可持续发展，就是能够持续到久远未来的发展，其中，全球气候变化是需要考虑的关键因素之一。可喜的是，中国成为第一个制定应对全球气候变化国家方案的国家，把减排目标定为约束性指标纳入国民经济和社会发展的中长期规划，并且保证执行过程严格经受法律和舆论的监督。

太多：在哥本哈根会议上，中国自主提出短期内大幅减排目标。

不多：到 2020 年，二氧化碳排放强度降低 40%—45%。

太多：关键是，我们自主提出目标，自主采取行动。

不多：对。不附加任何条件，不与任何国家的减排目标挂钩，完全是根据中国国情和全球发展的需要做出的自主决策，是对中国人民和全人类负责。所以温总理说——无论本次会议达成什么成果，都将坚定不移地为实现甚至为超过这个目标而努力。

太多：用生意的眼光看，就是完全自主做项目，不攀比，不竞争，不讨价还价。我们一口价，自主做项目，做自利利人的项目，不依赖任何外援。我们的项目好，利己利人，人家愿意参与进来，我们也欢迎。但前提是我们完全依靠自己的力量就可以做成这个项目。这是立足点。立足立足，自立自足。否则不能立足。

不多：只要自利利人，不管人家做不做，我们都做。

太多：只要损人的事情，不管人家做不做，我们都不做。

不多：对，比如 1997 年亚洲金融风暴，中国政府承诺人民币绝不贬值，稳定了亚洲局势，对全球也作出了贡献。

太多：最伟大的创意完全出自良心。以德为本，善知识经济，不是小聪明经济，不是你死我活玩技巧的经济。良心经济可以持续，其他的经济不可能持续。中国经济长期持续快速发展，这个经验非常突出，非常宝贵，特别需要总结。

不多：因为良心经济是自足的。

太多：自足，就是内需充足。

不多：所以我们提出扩大内需，化危机为商机，为转机，为良机。

太多：这是国家层面的道商。中国几十年的成就，有道商精神的贡献。一个是国家层面上道的贡献。

不多：另一个应该是企业层面上道商的贡献。

太多：还有非营利机构，社会企业、公益机构层面上道商的贡献。不过这个方面，在目前最弱。

不多：中国企业家，需要国家级道商那样的作为，不为市场所动，不受市场诱惑，而是驾驭市场，开创市场，引导市场，引领市场走向真善美，创造精品，真品，善品，美品。

太多：不驾驭而驾驭，不引领而引领。

不多：只驾驭自己，只引领自己。

太多：这叫扩大内需，自给自足，自立自强。

不多：树大好乘凉。自己壮大了，人家就来找你，想有个依靠。

太多：这时候，你不要人家靠你。你帮助人家壮大起来，帮助人家自力更生。这就是道商。国家级的道商方略，就是独立自主的和平发展方略，立足自主发展、促进互利共赢的方略。如何互利共赢呢？帮助人家自力更生，协助人家自立自足。不要做救世主，不要做慈善家，不要做老好人。天地不仁，以万物为刍狗。让人人自力更生，艰苦奋斗，让各国扩大内需，自己站稳脚跟。

不多：外需市场靠不住，不可持续。内需市场靠得住，可以持续。

太多：但是，什么是内需市场，需要看清楚。

不多：物质层面的内需，容易发现，也容易满足，容易用完。精神层面心灵层面的内需，不容易发现，不容易满足，不容易用尽。

太多：心灵层面的内需，就是良心的不断发现。物质极大丰富后，往往出现停滞、腐化，动力不足。可见，这一种发展不可持续。自己的动力减弱了。不思进取了。强国沦为弱国，五百强出局。真正的可持续，就是永远谦虚，永远学习，永远进步。这种需求，如果成为一个民族的最大内需，这个民族的发展就是可持续的。如果成为一家企业的最大内需，这家企业的发展就是可持续的。富不过三代的现象，就可以避免了。

不多：和自己做生意，和自己搞交易，和自己协商谈判订合同，对自己承诺。把自己开发为最大的市场，源源不绝的市场。古人有个名字叫作"修身"，换成现代经济学语言叫作"自主发展"，换成商务术语叫作"自主项目"。老子为什么说功遂身退天之道？

太多：因为修身修得好，出山立功成功，都是休闲项目，做着玩的。所以功遂身退，退回去还是玩，并没有任何不同。换个说法而已。做项目的时候，本来就已经是身退了。项目还没开工，就已经功成了。道商大隐于市。他退到哪里去？一个说法而已。有道，则哪里都是市场，哪里都是道场。无道，则哪里都不是市场，哪里都不是道场。

不多：有道无道，都是有道。

太多：无道有道，都是无道。

不多：这样的内需市场一旦启动，无限的外需市场就在其中了，囊括无遗了。

太多：道商之道，哪里有内，何曾有外。

不多：不要见外。

太多：不见外，内需经济乃是最大的外需经济。

不多：希望中国扩大内需的方略，能够证明这一点。

太多：这需要我们道商的努力。

不多：水到渠成。

太多：你看，中国扩大内需的方略，拉动了世界各国经济的复苏，就是一个苗头。照此下去，中国下一轮开放，不可思议。比起前 30 年的开放来，简直不可同日而语。

不多：因为她第一次站在扩大内需的根基上，不见外。

太多：说得好。扩大内需，不见外。

不多：扩大内需足矣。扩大自己的内需，扩大别人的内需。这就是一切。

太多：自己能够自立自足，别人也能自立自足。也就相安无事，彼此最充分交流，互通有无。

♫第六十章

治大国若烹小鲜。以道莅天下，其鬼不神。非其鬼不神，其神不伤人。非其神不伤人，圣人亦不伤人。夫两不相伤，故德交归焉。

| 试译 |

调理大国，就像调烹小鱼那样得心应手，自有其道。让大道君临天下，鬼怪也不灵了。不是鬼怪不灵，是鬼怪的神通不伤人。不但鬼怪的神通不伤人，圣人也不伤人。因为鬼怪和圣人都不伤人，所以大家相安无事，同归大道。

| 试注 |

▲小鲜：小鱼，小菜一碟。

▲莅：莅临，到位。

▲神：神通，神力。鬼有神通。

▲两：鬼怪和圣人。

▲相伤：伤害人，也可以理解为鬼怪和圣人也互伤。相，一个意思是相互，交互，指行为、动作由双方或多方交互而来，比如相对，相等，相通。另一个意思，是指行为动作单方面来而且指向一定的对象，却不涉及对象的反应、反响、反馈、反映等等，即只是单向性的，不是交互性的，比如相问，相信，相烦。这里的"两不相伤"，可以做单向性理解，即鬼怪和圣人作为一方，人作为另一方，鬼怪和圣人（两）这一方都不伤害另一方（人）。

▲人：人民，普通人，黎民百姓。

| 体会 |

／

大多的《管理笔记》，有一篇是摘录一个老总的手稿——

现代人封伊尹为中国第一厨师，把最高厨师奖命名为"伊尹奖"，是有来由的。《吕氏春秋·至味》讲了个故事，说是伊尹用各种美味的烹饪，把成汤，未来的天子，讲得口水直流。伊尹被成汤召去，把执政和烹饪炖成了一锅，万里飘香。"伊尹一锅"这个品牌眼下还在升值，天下万物尽在这一锅中。

烹饪学是管理学基础。厨师长是老板的师父。餐饮业是日不落产业。伊尹是管理学鼻祖。"治大国若烹小鲜"。老子讲管理，也想起了餐饮，想起了烹饪术。

打理公司，也是这个道理。像煎小鱼一样，把锅烤热了，放点油。油一热，小鱼下锅，在锅里喳喳响，不要冒大烟，不要老去翻。煎到一面黄，小鱼就煎好了。老去翻，小鱼就翻成一锅糊了。锅底油要宽，下小鱼的时候转悠几下油锅，这样就不粘锅。只要不粘锅，一面黄的时候，就可以轻轻翻转小鱼，煎反面，就可以两面黄。关键是尽量少用菜勺去翻鱼。翻也要轻轻翻。翻多了，翻重了，容易粘锅，"伤"着鱼。打理公司也需要无为，少折腾，是上策。

所以打理公司，一是怕鬼，一是怕神。

一不打鬼，二不请神，公司就平安了。平安是福啊，公司也是这样。有鬼必有神，来神必来鬼。有鬼有神，公司就热火朝天，风生水起，可歌可泣。天天有神话，月月有奇迹，年年有闹鬼。折腾几次，公司就散架了。

老板自己神经兮兮的，想寻求刺激，所以公司就神神鬼鬼的，不得安宁。白骨精有可能是孙悟空自己招来的，孙悟空则是白骨精自己招来的。白骨精伤人，物欲横流唯利是图；孙悟空也伤人，不着重自净其意，而是发现"人家私心一闪念"就手痒痒，不运动运动就坐卧不宁，总想腾空而起，让人家"看棒"，超过了员工的觉悟程度，太心急了。《西游记》中，孙悟空是圣人，经常伤人；观世音也是圣人，却不伤人，鬼神在观音手里都服服帖帖。这是两种境界。孙悟空很刺激，白骨精也很刺激。

那些个激素啊，工业化养鸡场养猪场啊，也都是刺激出来的。叫作刺激消费，经济学名词。其实就是寻求刺激，闲得无聊。这样搞出来的公司，赚来的钱，辛辛苦苦赚来的血汗钱，大都用来救火。火种也是自己撒的，干柴也是自己备的。至于火灾，照某一派心理医生的说法，比如弗洛伊德那一派的精神分析，这火灾，也是我们自己招来的。虽然我们嘴上是上刑场也不承认。打鬼容易送神难。所以聪明的鬼都拜佛拜菩萨。留住了菩萨，鬼就放心了。天天闹点鬼，让菩萨有点事做，这鬼也就有事做了。鬼都没有了，菩萨还神气什么啊？狡兔死，猎狗烹；飞鸟尽，良弓藏。所以，"老神仙不能走。"这是《大龟语录》。据说是避大鬼的讳，鬼改成龟，读音和写法都有点像。但是这龟怎么能避鬼的讳呢？真是活见鬼。我们见过用"常"字避"恒"字的讳，用"国"字避"邦"字的讳，没见过用"龟"字避"鬼"字的讳啊。真是活见鬼了。

不得消停。

公司平平安安，没有奇迹，没有神话，也不请神，也不驱鬼，健健康康，稳稳当当，长长久久，是极乐世界，不见如来顶相，不见观音足相，不见天魔波旬相，不见一切鬼怪相，不见孙悟空三打白骨精，因而终于悟空，自净其意，于是可以游戏神通而不执著，装神弄鬼而不落痕迹，大巧若拙而不落空，那是伟大的公司。

所以，伟大的公司总是要被人取笑的。

"不笑，不足以为道。"

——摘录到这里，大多批注说：不笑，不足以为大。

♫第六十一章

大国者下流，天下之交，天下之牝。牝常以静胜牡，以静为下。故大国以下小国，则取小国；小国以下大国，则取大国。故或下以取，或下而取。大国不过欲兼畜人，小国不过欲入事人。夫两者各得其所欲，大者宜为下。

| 试译 |

大国要甘居下游，做天下江河的交汇地，做天下万国的大溪谷。溪谷总是以安静取胜山陵的，安安静静待在山下。所以大国对小国礼让谦下，就受小国欢迎。小国对大国乐居下位，就让大国放心。所以，或者是礼让谦下受到欢迎，或者是乐居下位让人放心。但是大国不要过分谦下去笼络小国，小国不要过分小心去巴结大国。双方都要摆正自己的位置，大国尤其要主动谦下。

｜ 试注 ｜

▲国：原本是邦。因为避汉高祖刘邦的讳，就把邦改成国。

▲下流：下游，下位，下风。

▲交：交汇处，汇流处。

▲牝（pìn）：形声字。从牛，匕（bǐ）声。依甲骨文，"匕"是雌性动物的标志。本义：雌性的禽兽。与"牡"相对：～牛。～马。～鸡。延伸的意义很多，泛指阴性的事物，比如溪谷为牝，山陵为牡。

▲以静胜牡，以静为下：靠安静取胜山陵，靠安静稳居下位。以，凭借，依靠。为，做，行，治理，成就，担任（角色），完成（任务）。

▲下小国：谦让小国，对小国谦下。

▲取小国：取得小国信任，受小国欢迎。

▲下大国：甘居大国之下，对大国谦卑。

▲取大国：取得大国信任，让大国放心。

▲下以取：靠谦下取得信任。

▲下而取：靠谦卑取得信任。

▲过欲：过分地希望，过分地想要。

▲兼畜（xù）：兼收并蓄，兼容并包。兼容、兼并、兼顾；蓄养、畜爱、畜容、驯服。

▲入事：入侍，入朝侍奉。

▲各得其所欲：各得其所。所欲，所希望的结果。

♬ 第六十一章

263

▲宜：（更加）应该。

| 体会 |

古代中国，各国诸侯逐鹿中原。能够问鼎中原的，则天下定。

当今之世，中国相当于中原，全球相当于天下。2008 年全球金融危机，划分了一个时代。全球逐鹿中原的时代启动了。

2010 年 1 月 4 日，中央电视台《经济半小时·中国经验》称——联合国 2009 年初发布的世界经济报告预测，2009 年中国对世界经济的贡献率，将破天荒地达到 50%〔国家统计局，2009 年 9 月 29 日，《庆祝新中国成立 60 周年系列报告之十八：国际地位明显提高国际影响力显著增强》〕。

春秋战国时代华夏各国逐鹿中原，主要靠武力。

如今全球各国逐鹿中原，将主要靠文化，靠经济。

春秋时代最伟大的逐鹿方略，是《老子·第六十一章》，是整部《老子》八十一章。

战国时代最伟大的逐鹿方略，是整整一部《吕氏春秋》。

但是老子留下他的《老子》，隐居了。

吕不韦喝下毒酒，自尽了。

两个和平主导的方略，文化和经济主导的方略，并没有成为当时的首选。各国已经杀红了眼。这两份遗产传到了今天。

今天，我们该如何处理这两份遗产？

几百年的殖民战争，两次世界大战，性质上极其相似、规模上空前绝后（但愿如此）地重演了一次春秋战国时代。

不过有一点不同：这一次位居"中原"的那个国家，在饱受了史无前例的殖民国耻和亡国灭种的民族危机之后，并没有一丝一毫当年秦国那样的复仇意识和称霸欲求，而是终于在全球关系中，定下了独立自主的和平共处方针，和自力更生、合作共赢的发展方略。经过六十年的历练，这一方针和方略日益成熟了。

中国企业家，在他们打算创业、开展业务的时候，是不能不将这一基本态势放在心上了。《老子》和《吕氏春秋》的热销和热学热用，是不可避免了。毫无疑问，她们将不再是中国人专有的财富了。

天下者，人类的天下。

文化者，人类的文化。

财富者，人类的财富。

幸福者，人类的幸福。

♫第六十二章

道者，万物之奥，善人之宝，不善人之所保。美言可以市尊，美行可以加人。人之不善，何弃之有？故立天子，置三公，虽有拱璧以先驷马，不如坐进此道。古之所以贵此道者何？不曰："求以得，有罪以免"邪_耶？故为天下贵。

| 试译 |

道，是万物的奥秘，善人的宝贝，不善的人实际上也靠它保命。美言一句，可以催人自尊；帮人一把，可以推人自强。人有缺点，何必抛弃他呢？所以拥立天子，推举三公，或者拥有比雕车宝马更好的稀世璧玉，都不如五体投地、三跪九叩，进献这一无上大道。古人之所以珍视这一大道，究竟为什么呢？不是有句话，说是"求道的得道，悔罪的免罪"吗？所以是天下最珍贵的。

试注

▲所保：所保全、保护、保养的东西。

▲美言可以市尊，美行可以加人：或作"美言可以市，尊行可以加人"。

▲美言：赞美，好话，鼓励，赏识。

▲美行：好行为，助人为乐。

▲市：交换，换回，换来。

▲市尊：换来自尊，让人自尊自信。

▲加人：加强人，提高人的素质。

▲三公：即太师、太傅、太保三大朝官，是西周开始设置的大臣，用以辅佐国君。

▲拱璧：拱璧 gǒngbì，即大璧。王弼认为是拱抱之璧。

▲先：优先（于），先行（于）。

▲驷马：古代同驾一辆车的四匹马；或套着四匹马的车。

▲先驷马：一说是进献拱璧，比进献驷马更加珍贵、隆重。一说是进献的时候，拱璧在前，驷马在后。

▲坐：跪。古人双膝跪地，把臀部靠在脚后跟上，这是坐的本义。

▲进：进献。

▲求以得：求而得，求什么，得什么。王弼本作"以求得"（以：由于）。

▲有罪以免：有罪的忏悔，就免去罪过免去惩罚。罪，悔罪。以，而，则，就。

| 体会 |

天子取天下，道士弃天下，气象不同。

道商干什么？道商也得弃天下。

因为他也是道上的人，道士。道士在商场，就是道商。商场在哪里？心中。心在哪里？道中。道在哪里？不知"道"，道可道非常道。所以也不是不知道。道不在哪里，道哪里都在。道不在哪里，所以不可取。道哪里都在，所以不必取。不可取，不必取，叫作弃。不可取，不必取，也就不可弃，不必弃，叫作不弃。不取不弃，也不是不取，不是不弃。奥妙啊，万物的奥妙啊。道商把产品搞得这么妙，看出万物如此之妙，件件都是宝器，神器，道器，法器。你想拿住它，不可能。你想放开它，也不可能。想做项目，不可能。想不做项目，也不可能。想赚，不可能。想不赚，也不可能。所以它是好人的宝贝，不好的人，也靠它保命。

做天子治理天下，做老总打理公司，都不如进献这个宝道。道是不可进献的，所以勉强说进献。做公司的，要有经营之术，更要有经营之道。做产品的，要有制造技术，更要通万物之道。搞推销的，要有推销技巧，更要有推销之道。搞服务的，要有服务技巧，更要有服务之道。搞维修的，要有维修技术，更要有维修之道。搞研发的，要有研发方法，更要有研发之道。做消费者的，要有消费技巧，更要有消费之道。搞培训的，要有教学方法，更要为人师表，要有师道。当学员的，要有学道修道。

老多在多家公司讲座，都是免费的。有一次，他讲消费之道。题目刚一打出来，还没开讲，就有听众提问。

听众甲：老多老师，您是经商的，我们还是乐意听您继续讲经营之道，像过去那样，过瘾。

老多：啊，我是讲经营之道啊。

听众甲：您今天的题目不是消费之道吗？

老多：经营之道，全在消费之道中。

听众甲：是吗？照这么说，消费之道，又在哪里？

老多停了一下，看看大家的反应。

见没有人反应，老多就说了：消费之道，全在经营之道中。

听众开始交头接耳。

老多：你看，我是搞经营的，没错。我今天，是来经营什么？讲座。各位贵宾来做什么呢？消费。消费这个讲座。所以各位是消费者，在下是经营者。

大家听着，没吱声。

老多继续讲：但我经营的这个讲座，是谁在开业呢？是那位先生。他首先开讲，首先提问。他一问，这讲座就开始了，而且切合大家的需要。一下就切入正题：什么是消费之道？什么是经营之道？讲座的，最怕没人听。没人听，是没人思考。没人思考，是没人质疑，没人提问。提问就是消费，消费刺激生产，刺激销售，刺激售后服务。不断地提问，也就不断地生产、销售、服务，经营过程也就是这些事情。所以今天这个讲座，这个经营项目，名义上是在下在做，实际上是那位先生，那位高人，那位听众，那位消费者在做。"顾客是上帝"，我的体会，这句话的深层意思，在这里。顾客是老板，经营者。

听众鸦雀无声。

老多继续讲：多年来，关于经营之道的讲座、教材、研讨会，很多很多。但有一次，给我的印象特别深刻。是一位老总，谈他的经营心得，说老总老板，彻底搞通消费之道，就彻底掌握经营之道了。也就是说，做一个完美的消费者，就是一个完美的经营者了，一个好老板了。然后他当场提问，"你们心中，谁是最好的消费者？请举例。"听众纷纷举例，有大家认识的，有大家不认识的。我现在也想提出这个问题，各位老板有没有兴趣回答呢？

大家对这个问题很有兴趣，纷纷举例，气氛非常热烈。

听众乙：我心中最好的消费者，有些是大国领袖。他们的故事，太多太多。但是自从我创办公司以后，才开始用老板的心态回放这些故事，重新体会这些大国领袖。感到他们最会做客，最会消费。我的意思，不是说他们对消费的产品如何精通，而是说，他们做客的时候，像个主人，像主人家里的人，不见外，当起服务员来了，而且是最好的服务员。

就说有一位大国领袖吧，他老人家有一次出访，住在一套别墅里。主人给他配了最好的服务员，一个负责端饭，一个负责打扫卫生。但是每次那位打扫卫生的来收拾房间，领袖早就收拾得干干净净井井有条了，并且从不乱扔东西。服务员含着泪水说："您不应该自己动手收拾东西啊。"领袖笑着说："自己动手收拾屋子，吃你们饭才不愧心啊，还要看书啊。"服务员说："我从来没见过像您这样爱读书的大人物。"访问结束，要回国了，离开别墅的时候，两位服务员都哭了，对大家说："从来没有遇到过这样和气的领袖。"

老多：从来没有遇到过这样好的消费者。虽然这话有点煞风景，但我们在商言商。

听众丙：其实我们身边，这样成熟的消费者，是有的。

老多：成熟的消费者。

听众丙：对。一个成熟的市场，必须有几个成熟指标。一个指标是成熟的经营者，一个指标就是成熟的消费者。好比我们看球赛，运动员要成熟，要敬业，要文明，球迷也要成熟，要敬业，要文明。

老多：这样成熟的消费者，我们身边的确有。我有一个表姐，奇怪得很，从来不抱怨服务不好。她每到一个地方，那里的服务总是一流，而这些地方的服务经常是受抱怨的。但她一去，那个地方的服务就好了。临走的时候，服务方总是感恩戴德，盼她再来。她再去的时候，那里的服务必定进步了。等待她再来的日子里，那里的服务必定在精进，有时候简直是突飞猛进，换了人间。最近她刚去医院服侍她弟弟，医院上下、病房内外没有不喜欢她的。她一来，病房的卫生全包，还打水买东西，聊天说故事，大家既开心，又卫生，病就好得快。尤其一些家境不宽裕的病号，得到她的照料，大夫看在眼里，也特别开心，因为病号变得特别配合治疗了，特别体贴大夫了。我的一些同行，大老板，也都是这样，特别能消费，对消费特别在行。

听众甲：照这样说，内行的消费，应该是幸福的，快乐的，健康的，自主的，主人翁式的，从不抱怨的。

听众丙：是主动服务型的，而且是快乐服务型的。

听众丁：以主动服务的方式接受服务，享受服务。

听众甲：以感恩的心态享受消费。

听众乙：这样，服务方就会真心征求意见。这个时候，你是完全站在家里人立场上，提些建议，你会知无不言，言无不尽，毫不避讳。

老多：这就突破了西方经济学的等价交换观，交易观，讨价还价观，竞争观，买卖观，生产消费观。突破，不是抛弃。超越，不是消灭。是中国特点的道商精神，儒商精神，禅商精神，是善知识经济的搞法。消费者和经营者，都顶礼对方，感恩对方，学习对方，服务对方，热爱对方，信任对方。现在的经济学，只讲经营者如何信任消费者，讲消费者如何提防经营者，认为这是天经地义，认为经营者是强势集团，消费者是弱势群体。对立了。搞得不好，经营者是在讨好消费者，骨子里还是不信任，骨子里盯着消费者的信用卡。

听众丁：好比竞选政府官员，如果把服务人民变成讨好选民，那就不是真的为人民服务。真的服务需要的是尊重，是信任，不是讨好。信任是基于人民的根本利益，而不受短期利益、局部利益、表面利益的干扰和诱惑，不受舆论和所谓民意的劫持。

老多：道商觉得，"真诚的美言和信任，可以换来别人的自尊；主动的服务和感恩，可以唤醒人家本有的服务意识。"这是道商的经济学，善知识经济学。

听众甲：所以道商也愉快地享受顾客的各种挑别，感恩戴德。

老多：就像他们自己作为顾客，提供主动服务那样，感恩戴德。所以他们总是享受消费，无论何时何地。这是他们的内需，不受市场波动的影响。市场服务好也罢，不好也罢，不受影响。

听众乙：所以衡量是不是道商，一个标准就是看，能不能把一切外需变作内需，完全自己做主，自己创造，自己享受。

老多：就是看他是不是埋怨市场，是不是怨天尤人。看他是不是感恩市场，享受市场。无论他作为经营者，还是消费者，都要这样看，这样衡量。

听众甲："人之不善，何弃之有？"如果消费者不成熟，有缺点，何弃之有？为什么抛弃他们？为什么讨好他们？为什么要用讨好的方式抛弃他们、鄙视他们？为什么小瞧他们？道商会这样问自己。这样问，反躬自省，发现自己尽管一身的毛病，但骨子里还是向善的。想想自己作为消费者，不就是这样吗？

老多：这样一想，气就顺了。

第六十三章

为无为，事无事，味无味。大小多少，报怨以德。图难于其易；为大于其细。天下难事，必作于易；天下大事，必作于细。是以圣人终不为大，故能成其大。夫轻诺必寡信，多易必多难。是以圣人犹难之，故终无难矣。

| 试译 |

全力以赴悠闲自得，日理万机若无其事，兴致勃勃淡然处之。用大的报答小的，用多的酬谢少的，用德行回报仇怨。解决大难题，先做容易的；操办大事情，先动细部的。天下难事，一定先从容易处下手；天下大事，一定先在细节点用功。所以圣人始终不当老大，才能够成为最大的。轻易许诺，一定缺乏信用；只图轻松，一定困难重重。所以圣人估计困难特别充分，最终什么都不难。

试注

▲为（无为）：有为，做事，创业。

▲事：做事，办事，创业。

▲味：体味，体验，品尝。

▲大小：以大报小，滴水之恩涌泉相报。

▲多少：以多报少。

▲报怨以德：以德报怨。李涵虚认为，报怨以德，就是以直报怨，以德报怨，不是多报，而是平等相报。李涵虚大概是想说，德，就是直。直，就是值，值得，等值。古代的德字，就是直心，悳，上面一个直，下面一个心。双人旁"彳"(chì)是后来加的。但是，怎么才算直？才算值？不容易把握。稍不留意，就变成"冤冤相报何时了"，变成"你对我不仁，休怪我不义"，好像以怨报怨就是绝对真理，好像自己就是正义的化身。所以，要小心，不要用"以直报怨"取消了"以德报怨"，要记住，它们两个，是一样的。所以，不能把以暴易暴以恶报恶当作直。要看到坏人总会变好，可以教育，可以惩戒，和我们好人是一样的，都是从坏人变好的：这才是直。

▲轻诺：轻易许诺。

▲寡信：少信，缺少信用。

▲多易：只图轻松。多，赞许，推崇，偏好，偏爱。易，容易，轻易，简易。

▲多难：困难重重。

▲犹：尤，尤其，犹更，格外。

▲德的篆体——

惪

▲德的金文——

德　徝　

| 体会 |

不多对这一章特别有心得，她翻译说——

♪全力开创无为大业，精心打理无事公司，悉心品尝无味大餐。大大用力做小精品，多多费心供稀缺货，用物美价廉至诚服务回报顾客抱怨。破解难局，先攻弱点；成就大业，先做细节。天下难市，一定先做容易市场；天下大市，一定先做细分市场。所以道商始终不当老大，才能够做到最大。轻口承诺，必定透支信用；贪图安逸，必定陷入重围。所以道商特别擅长举轻若重，最终什么都能轻轻托起。

♫第六十四章

其安易持，其未兆易谋，其脆易泮_判，其微易散。为之于未有，治之于未乱。合抱之木，生于毫末；九层之台，起于累土；千里之行，始于足下。为者败之，执者失之。是以圣人无为，故无败；无执，故无失。民之从事，常于几成而败之。慎终如始，则无败事。是以圣人欲不欲，不贵难得之货；学不学，复众人之所过。以辅万物之自然而不敢为。

| **试译** |

安心的时候容易把持，没出现兆头的时候容易看住，脆嫩的时候容易破开，力小的时候容易散开。还没出事就要小心，还没动乱就要注意。一抱粗的大树，从一粒种子出生；九层高的台子，从一筐土石开工；千万里的长征，从脚下三尺起步。蛮干干不成的，硬抓抓不住的。所以圣人不蛮干，就不会失败；不

硬抓，就不会丢掉。很多人做事，总是在眼看就要成功了前功尽弃。扫尾要像开头一样慎重，才不会坏事。所以圣人图个啥也不图，不在乎难得的财货；学个啥也不学，以避免众人的过失。心甘情愿给万物的自然规律打下手，不敢乱来。

试注

▲安：安稳，安泰，安心，安静。

▲持：把持，坚持，修持。

▲未兆：没出现征兆。

▲谋：策划，规划，安排。

▲脆：脆弱，脆嫩。

▲泮（pàn）：判，剖分，破开。泮，或作"破"。

▲微：微细，微小。

▲散：解散，打散，驱散。

▲合抱：两臂抱拢，多指圆柱、大树等的粗细。

▲累土：累（léi），累积。累土，堆土，培土。

▲为者：有为者，只想成功，生怕失败，输不起。

▲执者：固执者，只想抓住，生怕失去，放不开。

▲民：人。

▲几：几乎，接近，快要。

▲欲不欲：求不求，图不图。求一个无所求，图一个无所图，要一个什么都不要。

▲学不学：学会那个不用学的，学会回归人人本有、一切现成、一切圆满、一切具足的天性、天道、天才、良心、良知、良能。

▲复：复正，扶正，匡正，纠正。

▲所过：所犯下的过失，过分的有为。

▲辅：辅助，辅佐。

▲自然：自然无为，自然本性，自然规律。

｜ 体会 ｜

各种道商研讨会，争议较多的是无为而治。

公司治理，怎么无为而治，讲不清楚。误解特别多。

有一次研讨，一位老总提到《老子》第六十四章。他专门背诵了这一章，然后谈了体会——

我觉得老子讲无为而治，的确是无所不为。这一章就是这样，要求我们未雨绸缪，早作打算，注意苗头，多作准备。是非常小心的，非常谨慎的，非常有远见的，有战略眼光的。但是不紧张，不神经兮兮，大惊小怪。是很放松的。放松了，反而更加警觉，更加清醒，更加敏感。所以有一系列的排比句，气势很大，从各个方面举例子。"合抱之木生于毫末；九层之台起于累土；千里之行始于足下"，都是朗朗上口的经典成语了。放松，就是无为，就是不执著。所以就讲"为者败之，执者失之"。

第六十五章

> 古之善为道者，非以明民，将以愚之。民之难治，以其智多。故以智治国，国之贼；不以智治国，国之福。知此两者亦稽式。常知稽式，是谓玄德。玄德深矣，远矣，与物反矣，然后乃至大顺。

| 试译 |

古代那些道行深的，不是要让民众鬼精明，而是要让他们朴实一点。民众的难以管理，是因为他们智谋太多。所以，用智谋治国，是国家的盗贼；不用智谋治国，是国家的福气。懂得这两句的，也就有了模式。始终能够把握住模式，这是玄德。玄德深厚哦，高远哦，和俗务完全相反哦，如此下去，就大顺特顺了。

▲稽 (jī)：衡量，考核；或作"楷"，意思是"相同"。

▲稽式：楷式，法式，程序，模式。

▲物：事物，万事万物，事情，俗务。

▲反：反者，道之动。

▲与物反：万物生于有，有生于无。对立面相互产生，相反相成。

| 体会 |

/

确立商务模式，盈利模式，非常重要。

老子的治国建议，有人译成了商务文本——

古代精通商道的，不是要部下瞒天过海偷梁换柱搞三十六计，而是要他们傻一点。员工难管理，是因为有三十六计，计谋太多。所以，用三十六计管理企业，是企业的内贼；不用三十六计管理企业，是企业的福星。懂得这两个要点，道商盈利模式就出来了。时刻不忘这种盈利模式，就叫作玄德。玄德很深奥的，很长远的，和一般的生意经是反的，就是因为反其道而行之，所以道商生意大顺。

♫第六十六章

江海所以能为百谷王者，以其善下之，故能为百谷王。是以欲上民，必以言下之；欲先民，必以身后之。是以圣人处上而民不重（zhòng），处前而民不害。是以天下乐推而不厌。以其不争，故天下莫能与之争。

∣ 试译 ∣

大海之所以能够成为百川之王，是因为它善于待在下方，这就做了百川之王。所以要想指导人民，必须向人民学习；要想领导人民，必须为人民服务。所以圣人当领导，人民不受压；做先锋，人民不遭罪。所以天下人都愿意拥戴他，乐此不疲。因为他不爱争名夺利，天下也就没有谁能和他争了。

▲江海：江河与大海。翻译的时候，略称大海。

▲谷：溪谷，川流，两山之间的水流、溪流，比江河小，比大海更小，但是位置（海拔）比江河高，比大海更高。

▲善下：善于谦下，懂得谦卑。

▲上民：在上面指导别人，领导人民。

▲欲上民：想领导人民。

▲是以欲上民：或作"是以圣人欲上民。"

▲言下之：说话谦恭谦和谦下。

▲欲先民：想走在前头，做人民的榜样。"后其身而身先"（七章），圣人总是吃苦在先，享受在后，反而最先活出生命的意义，成为幸福人生的先行者。

▲不重：没有重压，不受压迫，不觉得压力大。

▲不害：没有损害，不受伤害，不感到受伤害。

▲厌：厌倦。厌，如果读为 yā，就是打压，也说得通。

▲推：推举，推崇，拥戴。推，郭店竹简《老子》甲本为"進"［侯才：《郭店楚墓竹简〈老子〉校读》，大连出版社，1999 年，第 8—10 页］，所以也可以解释为进举、进荐、进贤、推荐、推崇、拥戴。

▲乐推而不厌：愿意推举他，拥戴他，乐此不疲；乐意拥戴他，而不打压他。

太多爱读《老子》，经常和不多切磋。有一天，她们谈起了这一章，第六十六章——

太多：侯才先生在德国做访问学者，研究了郭店楚墓竹简《老子》，对这个地方的点评，对我很有启发。

不多：我也是。

太多：你看，竹简是这样写的——

> ♪江海所以为百谷王，以其能为百谷下，是以能为百谷王。圣人之在民前也，以身后之；其在民上也，以言下之。其在民上也，民弗厚也；其在民前也，民弗害也。天下乐进而弗厌。以其不争也，故天下莫能与之争。

不多：我看过了，好像和通行的《老子》没有多大区别。

太多：你叫不多嘛，什么都是不多不多。其实区别太多了。

不多：太多太多太多，你叫太多嘛。说说看，哪些区别？

太多：也不是太多，一句话就够了。

不多：所谓太多，即非太多，是名太多。哪一句？

太多：通行的《老子》呢，这一章有功利色彩。你看啊，"是以欲上民，必以言下之；欲先民，必以身后之。"这些个"欲"啊"欲"啊，就是目的性太强，谦下是为了到上头去，后来是为了到前面去。谦下和后来，都是手段，不是真的谦下，真的甘居人后。

不多：哎呀，这不都是侯才先生说的吗。

太多：侯才先生也没有像我这样具体分析。

不多：你们意思一样啊。通行的本子，也可以不这么去理解啊。

太多：不，只有像竹简本这样的，才可以不那样理解。

不多：我怎么看不出来。

太多：你看啊，竹简本是这样说的——"圣人之在民前也，以身后之；其在民上也，以言下之。"讲的只是一个客观情况，一种自然发展，一种前因后果，并没有刻意要这样，不是有意识地为了"在民前"而"身后"，为了"在民上"而"言下"。

不多：这个啊，我看没什么区别。用不用那个"欲"字，没区别。你早已知道了规律，知道了自然的结果，就只管下种，只管浇水施肥，不管收获，因为收获是必然的，自然的。

太多：就是说，只管投资，不管收钱。生意滚滚而来，数钱都数不过来。

不多：钱不是财富，不是生意的目的。身体好，心情好，才是生意的目的，生命的目的，生活的目的。

太多：投资血本无归呢，怎么办？不管收获，会血本无归啊。必须计算投入产出的。怎么能不管收获！

不多：这就是老子的出手方式，八十一掌，掌掌神出鬼没。你看他老人家，花架子练武功，莲花桩马步桩朱砂掌金钟罩的，其实呢，他在练内功。内功怎么看得出来。但是你要是不在外头比画比画嘛，人家还真不跟你学。本来老子的生意啊，坐在那里，就做完了。但是员工看不出来啊，没法学啊。所以老子就走街串巷大呼小叫的，穷吆喝，搞点推销，让员工有个下手处。先入门，尝点甜头，高深的功夫慢慢练。悟性高的，一步到位，上来就做坐贾，坐着收钱。

太多：不是说钱不能算是财富吗？

不多：是啊，这不是为了让你好懂吗，顺便说个钱字。

太多：我智商这么低啊。

不多：不，智商高，智商太高，主意太多，太多算计。

太多："故以智治国，国之贼。"说我呢。

不多："故以智治企，企之盗。不以智治企，企之福。"靠狡诈做生意，死路一条。难得糊涂，是企业的福气。

太多：老子其实是讲智慧的。

不多：是啊，大智若愚，是真智慧。以智治国，这个智，是小聪明。

太多：但是，什么是大智慧，什么是小聪明，这个不好分，不好懂。

不多：好生意和坏生意的区别，就在这里。真富人和假富人，不同就在这里。

第六十七章

天下皆谓我道大，似不肖。夫唯大，故似不肖。若肖，久矣其细也夫！我有三宝，持而保之：一曰慈，二曰俭，三曰不敢为天下先。慈，故能勇；俭，故能广；不敢为天下先，故能成器长（zhǎng）。今舍慈且勇，舍俭且广，舍后且先，死矣！夫慈，以战则胜，以守则固。天将救之，以慈卫之。

| 试译 |

天下都说我的道太大，似乎什么都不像。其实就因为太大，所以似乎什么都不像。要是像个什么东西，那老早就成了小不点了！我有三大宝物，是爱不释手精心保养的：一个叫作慈爱，一个叫作节俭，一个叫作不敢为天下先。因为慈爱，所以勇敢；因为节俭，所以富有；因为不敢为天下先，所以成为众人的领导。如今要是丢掉慈爱只剩勇敢，丢掉节俭只剩富有，丢掉后来只剩先进，那一

定死路一条! 有了慈爱, 要打就能打赢, 要守就能守住。上天要救人, 总是先让他有爱心, 然后有力量自卫自救。

| **试注** |

▲大: 强名之曰大, 不能理解为大小的大, 而是其大无外其小无内的大, 所谓大, 即非大, 是名大。

▲不肖 (xiào): 不像, 不像个大的, 也不像个小的, 什么都不像。

▲似不肖: 似乎什么都不像。似, 这个字很重要。是"似乎什么都不像", 而不是"什么都不像"。

▲夫: 发语词。

▲唯: 就是因为。

▲久矣: 老早就。

▲其: 它, 道。

▲细: 小。说它大, 多大? 一定量, 就小了, 因为总有比它更大的。

▲宝: 宝贝, 大宝, 大, 道。

▲三宝: 三件宝贝, 三大宝贝, 可简称三大、三道 (妙策)。

▲保之: 珍惜它们。保, 珍爱, 珍惜。之, 它们, 指代三宝。

▲慈: 大慈大爱, 大仁大义。这个大字, 很重要, 不能理解为溺爱, 错爱, 贪爱, 偏爱, 宠爱。我道大, 强名之曰大。

▲俭：大俭大朴，大节大省。同样是大。不能理解为小气，吝啬。

▲不敢为天下先：这一句有很多误解，以为道家胆子小，不敢冒尖，不敢出头，这需要温习回顾第七章的"外其身而身存"一句，那是不要命的，敢拼命的。所以，不敢为天下先，是大不敢，大后方，大后盾，大勇士，大先锋。是仁义为先，道义为先，是不敢冒天下之大不韪，不敢恶性竞争，不敢违法乱纪，不敢坑蒙拐骗，不敢争名夺利，不敢称王称霸，不敢恃强逞能，不敢仗势欺人，不敢赢家通吃，不敢断人生路，不敢断人生意，不敢欺行霸市。恶性竞争结果，可能身败名裂、万念俱灰——这时候，唯有道商出来鼎力相助，做大后方，大后盾，做大勇士，急先锋，身先士卒，"后其身而身先，外其身而身存"（七章），舍生取义，舍身取道，拼命相救，全力导人入道，引入道商之大道，转入"以道生意"的坦途，步入"道生一一生二二生三三生万物"的道商通途。

▲器长：万物的总裁，众人的老板。器，万事万物，百家百姓。长，董事长，总裁，老板，领袖，班长，组长，家长，兄长，学长，服务长，仆长。最后这个长，最重要，仆长，是一切"器长"的实质。全心全意做个仆人，为众人效劳，是长官的实质，领袖的实质，总裁董事长老板的实质。所谓长，即非长，是名长。长是仆，器长是个仆人，大仆人，最大的仆人，为一切仆人服务的仆人，公仆。

▲以战：靠慈爱进攻。以，靠，凭借。战，进攻。

▲以守：靠慈爱防守。

▲救之：救人，救谁。

▲卫：护卫。

▲卫之：护卫他，护卫谁。

▲天将救之，以慈卫之：上天要救谁，先让谁慈爱，从而有力量自卫自救。上天要灭谁，先让他疯狂，先让他舍慈且勇，从而无力自卫自救。

┃ 体会 ┃

慈母最勇敢。妇产医院的穆艾院长，曾经和不多聊起这一点——

穆艾：不多啊，你这个曲子，我每次听到，都想起一个人。

不多：太多。

穆艾：是啊，太多。让人有太多的记忆。

不多：太多这孩子。

穆艾：长兄如父，大姐如母。太多有你这么个姐姐，福气。

不多：以前我也觉得太多脆弱。但是那一次之后，刮目相看了。

穆艾：刻骨铭心。你想啊，一个弱女子，风吹就倒的，怀孕那么难的事情，一旦怀孕，就敢一直怀下去，什么苦都愿意吃。生产那么难的事情，一旦要生，就敢一直挺下去，什么罪都愿意受，直到孩子生出为止。

不多：遇到难产，医生问丈夫：保孩子还是保大人？母亲总是要保孩子的。

穆艾：弱女子做了母亲，什么事情都敢做，什么委屈都受得了。

不多：孩子病了，恨不得自己得病，孩子快好。

穆艾：孩子饿了，恨不得自己饿死，孩子吃饱。孩子遇难，恨不得自己受难，孩子脱险。

不多：慈爱的力量何其广大何其深厚，仁者无敌啊。有人怀疑，慈爱的人是否软弱可欺啊？他们没有做过母亲。

穆艾：或者做过母亲，没留意到自己的慈力本来无与伦比，胜过千军万马。

不多：因为一个慈母，从来不会把自己的爱和谁去比一比，她们只是爱孩子罢了。

穆艾：在世人眼中，她们还是弱女子。在自己眼中，她们也常常是这样。就像你这首曲子，《慈母手中线》。

不多：是啊，很多人听了流泪，说是多么柔弱的女子啊。

穆艾：而且越是觉得柔弱，越是动人，你会愿意为她献身。她不用经商，却十分的富有。所以，这一章的翻译，好像是这位慈母在自言自语——

♪天下都说我的商道大，好像什么都不像。其实就是因为大，所以什么都不像。要是像个什么，那老早就挤到市场某个角落去了。我有三大绝活，都是传家宝：一件叫作仁慈，一件叫作节俭，一件叫作不敢享受在天下人前头。仁慈，所以勇猛无敌；节俭，所以富甲天下；不敢享受在天下人前头，所以被大家推举为市场领袖。如今要是丢了仁慈，只剩下勇猛；丢了节俭，只剩下富裕；丢了享受在后，只剩下近水楼台先得月，那就死定了。仁慈的品格，用来开拓市场，肯定成功；用来坚守市场，一定稳固。上天要拯救一家濒临破产的公司，一定让他们良心发现，以便能够自我保护，自我拯救。

不多：所以，佛陀告诉龙王说："龙王，有一种办法，可以让你的龙子龙孙都安乐，不再受苦。"龙王急切地问："什么办法？"佛陀说："就是行慈。大龙王啊，要是天人能够行慈，那就火不能烧，刀不能害，水不能漂，毒不能中，内外怨敌不能侵扰，安乐入睡，安乐醒来，有大福保护自己。"

穆艾：是《大云轮请雨经》讲的，我刚刚看到。

♫第六十八章

善为士者，不武。善战者，不怒。善胜敌者，不与。善用人者，为之下。是谓不争之德，是谓用人之力，是谓配天古之极。

｜ 试译 ｜

善于从军的，不靠武力。善于打仗的，不靠杀气。善于取胜的，不靠交战。善于用人之长的，给人打下手。这叫作不争的仁德，叫作用人的长处，叫作配得上万古天道的最高标准。

｜ 试注 ｜

▲士：将士。

▲怒：杀气腾腾。

▲不与：或作"不争"。

▲与：与之争战交战。

▲天古：旷古。

▲极：极则，准则。

| 体会 |

先看这一章的商务白话本——

♪善于从商的，不会财大气粗，人穷志短。善于经营的，不会赌气上马，一决雌雄。善于赢得市场的，不会两手操刀，抢切蛋糕。善于用人的，喜欢跑个龙套，当个配角。这叫作万事不争的商业美德，叫作善于用人的核心能力，叫作配得上万古商道的金科玉律。

出自大多的手笔。

大多在译文后面有个笔记——

这一章，可以从内需的角度来体会。

2008 年全球金融危机，世界各国外贸量大跌，各国开始重新宣传自由贸易，以便打开外需；另一方面，开始特别重视内需，甚至搞点贸易保护主义，虽然嘴上不说，嘴上还反对。

那么，什么是外需? 什么是内需?

这样的问题就重新提出来了。值得重新思考了。

在这样的全球性重新思考中，中国 2009 年的出口，在下降 16% 的情况下，以 12016.7 亿美元的总值，超过德国，首次登上全球第一名的宝座。

这是外需，在下降中逆势崛起，夺得头筹。成为历史的拐点，意义非凡。

再看内需。

首先有个定义问题。

窄一点的定义，把内需看作某国经济运行对国内产品和劳务的需求，外需则是国际市场对某国产品和劳务的需求。

前者指国内贸易，后者指出口贸易。这样的内需外需的概念，不能涵盖一国经济所有的需求。逻辑学上讲，是概念不周延。不周延，讨论问题的时候，漏洞就多。

另一种定义，是说经济增长有三驾马车: 国内投资、国内消费、对外出口。前两项就是内需，后一项是外需。

这种分类，同样不周延。对外投资算什么? 没有说。进口算什么? 也没说。

还有一种分类，比较全面。它把内需扩大到国民消费、企业投资、政府支出和进口，外需则是出口。

但是，这里的国民消费、企业投资，还是局限在国内。其实国民消费也可以在国外，出国旅游，出国留学，出国访亲、考察、访学等等。企业投资，除了国内企业在国内投资外，国内企业也有对外投资，也有海外企业来国内投资。

所以，概念要周延，一国必须有全球概念。任何一国，都在全球环境中，互通有无。在 WTO 框架下，一国经济学同时应该是一种全球经济学。

概念不周延，看问题就不全面，做决策就缺乏全局，缺乏大战略、大方略。缺乏大方略，就会头痛医头脚痛医脚，就不可能持续发展。一般我们说可持续发展，重点讲环境问题，资源问题。这没有错。但是，环境和资源问题，根子烂在哪里？烂在心里。只顾自己，不顾别人；只顾本国，不顾别国；只顾人类，不顾天地；只顾眼前，不顾将来；只顾我们，不顾子孙。想问题想窄了，心没打开，概念不周延。所以，一个完整的可持续发展方略，要从心开始，从开心开始，从开发人心开始。这个，可能才是我们内需的总根源。

讲了需求，还得讲供给。光讲需求，还是不周延。光讲需求，内需外需都周延了，把出口、对外投资、对外劳务等等都讲了，需求是周延了，但也发现其中也就讲到供给了。考虑到需求和供给两个方面，需要一种更大的概念，更大的周延。

但是，这就发现，概念的周延之路极为漫长，我们将在什么地方停住呢？

道。

周延之路就是周延之道吗？道可道。

一般经济学不研究道，一般经济学没有道，一般经济学无道。

无道，因为它不考虑政治问题，认为那是政治学的事情；它不考虑道德问题，认为那是道德学的事情；不考虑心理问题，认为那是心理学的事情；不考虑……总之，它不考虑经济学以外的问题。它作为经济学，不和外面的非经济学做生意，没有外贸。也不进口，也不出口。那么，这种经济学研究什么问题呢？

自然是经济问题。什么是经济问题呢？最核心的问题就在这里。众说纷纭。

经济学的国界不清楚，内需不清楚，外需也不清楚。所以我们有政治经济学，道德经济学，心理经济学，金融心理学……可以把一切问题看作经济问题，纳入经济学。这是经济学扩大内需的举措。而这种经济学内需的大扩充，许多是靠经济学外需完成的，也即靠经济学商品出口、劳务出口、资本输出（对外投资）等等来完成的。我们将给研究这种无所不包经济学的人，颁发诺贝尔经济学奖，或者范蠡经济学奖，老聃经济学奖，孔子经济学奖，慧能经济学奖。其中特别要垂青道德经济学，德经济学，道经济学，道商经济学，儒商经济学，禅商经济学，等等学科。

这些经济学的内需概念很独特。

譬如道商经济学，它把内需概念定位在心，定位在本心，定位在真心，定位在良心，定位在爱心。

贪心不是我们的内需，因为贪心是在贪恋身外之物，异化人性，把人搞得人不人，鬼不鬼的。良心才是我们的本心，真的人心，真人的心，真心，道心。

所以，道商把内需定位在本心，真心，爱心，良心。

把良心定位在道。

把道定位在自然。

把自然定位在无。

把无定位在天地，定位在一切。

所谓内需，就是爱心，就是真心，就是天地，就是天地良心，就是天时地利人和。

所以——

真心做人，真心做事，真心做生意。

真心爱人，真心爱人类，真心爱天地，真心爱世界。

也就是真心通话，通婚——在中国，在世界。

也就是真心谈情说爱，生儿育女——在中国，在世界。

通。

爱心通话，就是爱心通商，通货，通路，通航，通邮，通信，通电，通气，通道，通心，就是谈情说爱，各种文化各种民族之间谈情说爱。

爱心通婚，就是各种文化各种民族之间生儿育女。

一个字：通。

♫第六十九章

用兵有言："吾不敢为主，而为客；不敢进寸，而退尺。"是谓行（xíng）无行（háng），攘无臂，扔无敌，执无兵。祸莫大于轻敌，轻敌几丧吾宝。故抗兵相加，哀者胜矣。

| 试译 |

用兵打仗，有这样一句话："我不敢主动出击，宁可被动应战；不敢推进一寸，宁肯退让一尺。"就是说行军无部队，出手无胳膊，开战无敌人，握掌无兵器。战祸没有比轻视敌人生命更大的，轻视敌人生命，差不多丢了我的三大宝物。所以两军交战旗鼓相当时，仁义之师必胜。

▲主：主动挑战；或者诸侯盟主的部队，主力军。

▲客：被动应战；或者其他诸侯的部队，应邀参战的援军。

▲（无）行：如果读 háng，是行阵，行伍，部队。古代军队编制，二十五人为一行。如果读 xíng，是两足，彳亍（chìchù），左步为彳，右步为亍。

▲攘：举臂。

▲扔：投掷。

▲扔无敌，执无兵：或作"执无兵，扔无敌"。

▲轻敌：轻视敌人生命（而不是小看敌人）。

▲抗：举。抗兵，举兵。

▲相加：一作"相若"，相近、相仿、相当的意思。

▲哀（āi）：慈悲，哀怜，怜悯，仁义。

▲哀者：哀兵，仁义之师，慈悲之师，反义词是残忍之师，虎狼之师。

| 体会 |

/

老子说不能轻敌，是说不能轻视敌人生命，不能轻易树敌。这是道商生意的基本态度。

♪投资市场有句生意经："我不敢夺人所爱，宁可吃点剩饭；不敢逼人一步，宁可自退十里。"这叫作上项目没有团队，搞技术没有设备，进商场没有对手，做广告没有钞票。最要命的莫过于不在乎人家死活。不在乎人家死活，几乎丢掉了我道商的三大传家宝：仁慈，节俭，不敢享受在天下人前头。所以市场竞争，总是有良心的笑在最后。

全球金融危机，根源在哪里？有学者认为是主导全球的货币体系，即美元体系。美元从 1971 年开始不受约束，可以随意转嫁危机给别国。

但是不多认为——这只是一个表象，只是"一国的国家垄断资本主义"向"一国的国际垄断资本主义"、也即帝国主义或资本霸权主义的一个转向。根子还是资本主义，也即贪欲主义。在贪欲主义作用下，即使没有美元霸主地位，也会变成多国寡头分赃的全球自由竞争资本主义。无论垄断还是自由竞争，它们都是资本主义。这才是问题的实质。2008 全球金融海啸，只是这个主义的一个案例罢了。所以，有的学者指出危机的真实原因是贪欲，可谓一针见血。

在这样的全球市场中，中国的道商、儒商和禅商，正好修炼了。老子的三宝是需要小心捧起，加以保养了——

"一曰慈，二曰俭，三曰不敢为天下先。"

中国未来的希望在这里。

世界未来的希望在这里。

否则，中国的崛起，将毫无意义。

因为，如果不在根子上来个新生，如果不播下健康的良种，那么中国的崛起，也就是一个新生贪欲主义大国的崛起，那么随之而来的，将有无数更大更可怕的危机，甚至毁灭性危机，在等待着人们。如果解决危机之道还只是刺激消费，而不是人性的觉醒，良心的发现，那么这除了火上浇油、扬汤止沸、饮鸩止渴以外，将一无所有。

相反，只要改变了心态，只要我们凭良心做事，凭良心经商，主推社会企业，非营利公司，那么同一个 WTO 体系，就会显出它的宝贵、灿烂和辉煌。市场之道会告诉我们：贪欲点金作土，公心点石成金。是金是土，全在一心。桃李不言，下自成蹊。在道商的心中，新生的希望不在于埋怨外部环境的黑暗和不公，不在于和外部环境作对，而在于我们自己的心态是否"天下为公"，是否见到这个外部体系的无限潜力和大公无私，是否见到了其中的无限道力，是否体会了理解了贪欲的情有可原，是否发现了每个贪欲后面蕴藏的美好良心和市场机遇，从而能够满心欢喜地融入其中，跟着它泥沙俱下，伴随它瓜熟蒂落，水到渠成。

♬第七十章

> 　　吾言甚易知，甚易行。天下莫能知，莫能行。言有宗，事有君。夫唯无知，是以不我知。知我者希，则我者贵。是以圣人被_披褐怀玉。

｜ 试译 ｜

　　我的话很容易懂，很容易做。天下没人能懂，没人能做。说话有主要意思，办事有主管君王。就因为没听懂我的主要意思，所以不明白我这个人。懂我意思的，天下少有；照我话做的，身价倍增。所以圣人外头穿着粗布衣裳，怀里抱着稀世宝玉。

｜ 试注 ｜

▲宗：宗旨，主旨。

▲君：君王，总统，总理，主管。

▲我知：知我。

▲被（pī）：披，披在外面，外面穿戴着。

▲褐：粗布，粗布衣。

▲怀：怀抱，心怀着。

▲吾的篆体——

▲吾的金文——

| 体会 |

记者经常问老多一个类似的问题：你生意做得这么好，诀窍在哪里？撒手锏是什么？核心竞争力是什么？

老多经常背诵《老子》这一章给记者听：吾言甚易知，甚易行。天下莫能知，莫能行……知我者希，则我者贵。

开头，记者总是要老多解释一下经文。问多了，记者中听过读过解释的也多了。所以后来老多一开口背诵，有的记者也能跟着背诵出来。这一回就是这样。

小记者：讲讲您的撒手锏啊。

老多：吾言甚易知……

小记者：甚易行……

俩人都笑了。

小记者：物以稀为贵。

老多：对了。道家的诀窍就在这里。平常的道理，老掉牙的常识，就是真心做人真心做事啊，这么一些常识，一开口，人家就懂了。说多了，还烦，觉得唠叨。为什么觉得唠叨呢？不喜欢，不信。所以，道家的核心竞争力，就是不争，全天下没人能和他争。还没争，道商就已经赢定了。道商的确是不战而胜的。他胜了自己。别的就不用说了，不在话下。有人觉得，人心这么黑，道商怎么吃得开？其实生意场上，物以稀为贵嘛，古今如此，天经地义。正是人心险恶，道商才最吃得开嘛；道商吃得开，证明人心其实不险恶嘛。不是说"六亲不和有孝慈，国家昏乱有忠臣"吗？所以，商场欺诈有道商，这也是自然的。大家都坑蒙拐骗，就你老老实实，就你头脑清醒，所以你成本最低，关系户最铁，商务美德的市场边际效益最高，可能是超额利润。"知我者希"，了解我理解我的，太少，好啊，所以我成功率高。这个时候，谁学我，谁敢跟我走，那一定发大财，"则我者贵"嘛。

小记者：谁要是真这样跟您走了，您一定又要训他了。

老多：也不是训。因为他跟着来，已经不错了，进步了，获益了。所以需要更进一步。

小记者：更进一步，就要把"跟您发财"的想法也丢掉。

老多：对。这才是真心嘛。有了真心，那还得了。

小记者：不得了。

老多：你可真有才啊。

小记者：哈哈。不过还有一点，刚才你为什么讲美德的边际效益？好像和我听到的概念有点不同。

老多：一般讲边际效益，假定了效益的有限性，就是它必有一个边际。因为我们是在一个市场中交易，获取效益，而市场容纳量总是有限的，我们的感受力、获取效益感受效益的能力也是有限的。

西方经济学喜欢打比方说，我们饿了，吃馒头。那得买啊，买第一个馒头，吃的边际效益最高，因为最饿。再买一个，吃起来边际效益也高，但是不如第一个，因为已经吃了一个，没有开头那么饿了。这样每吃一个，边际效益就小一点。可能吃到第五个就饱了，再也吃不下去了，这时候，边际效益最小，我们就不会再花钱去买馒头了。这叫作边际效益递减律。当然有时候也有上升，比如馒头奇特，开头不大适应，没开胃，吃着吃着就慢慢开胃了，边际效益递增。第一口不怎么样，第二口没那么反感了，第三口有点味道，第四口很有味道，第五口最有味道。边际效益递增，越吃越有嚼头。但是边际效益递减律仍然成立，吃第六口时候，边际效益开始下降，一路递减下去，直到一个点，我们再也吃不下去了，边际效益最小。这是讲市场边际效益。

小记者：啊，那市场这个概念可有可无啊，因为反正是市场上的效益，约定俗成，不必啰嗦了。

老多：你觉得我啰嗦。我觉得有必要啰嗦一下。因为我刚才讲的是商务美德的市场边际效益。商务美德，和一般商品不一样，如果从市场效益去看，它固然遵循边际效益递减规律，但是如果跳出市场效益，从人本身的道德受益看，商务美德的效益可能是一直递增的，直至无限。所谓无限，是指无限大，也即永远增加，没有尽头。所以你越是有德，你就越是幸福，虽然你在市场上的边际效益可能递减。因为假设大家都有德了，相对而言你的道德收益并不高于别人的道德收益。

小记者：美德很特殊啊。

老多：按理说，美德是不可交易的，也没有什么市场效益，更没有什么市场边际效益。刚才说市场边际效益，是顺从习惯来说，因为物以稀为贵，在大家都不讲德，都不讲商务美德的时候，那个讲德的，相对别人而言获益最多。当大家都讲德了，大家受益差不多了，显得最先讲德的那个，效益似乎下降了。这是相对下降。美德边际效益递减，是在市场中递减，也即在交易中递减。但是美德不受市场的约束，它不可交易，它是人的真实内需。所谓真实内需，就是一旦拥有，就丝毫不受外界的干扰，完全自足，自得其乐，它的实际效益是递增的，无边际的。我们越是有德，我们就越是幸福，如此下去直至无穷。相反，如果我们觉得自己有德，但是吃了亏，好人不得好报，这就说明我们没有德，因为我们还没有体会到美德的好处，反而感到美德害了我们。所以衡量我们是否有德，是很简单的，就看美德是我的内需呢？还是外需？是有德就有得有乐、行德就自得其乐呢？还是有德就感到亏了、行德就盼着回报呢？美德不是吃饭。吃饭可以撑死人，美德不会撑死人。吃饭有个边际，美德多多益善。为什么有人主张"扩大美德内需"？因为只有美德内需才无穷无尽，也只有美德的供给取之不尽用之不竭，永远也不会生产过剩，所以永远也不会发生经济危机。因此，美德经济学是最经济的，道商经济学，儒商经济学，禅商经济学，都是美德为本的经济学，都是最经济的。

♫第七十一章

知不知，上；不知知，病。夫唯病病，是以不病。圣人不病，以其病病，是以不病。

| 试译 |

知道自己无知，挺好；无知自以为有知，毛病。就因为担心犯这个毛病，所以没有这个毛病。圣人没这个毛病，是因为担心犯这个毛病，才没这个毛病的。

| 试注 |

▲本章或作："知不知，上；不知知，病。圣人不病，以其病病。夫唯病病，是以不病。"

▲上：或作"尚""尚矣"。

▲病病：担心这个毛病。第一个病，是担忧。第二个病，是毛病。

▲知的篆体——

▲知的金文——

| 体会 |

有一回，大多到师父那里，学了这一掌，记下了这点笔记——

有一种误解，觉得老子搞愚民政策，不让老百姓知道实情，不让老百姓受教育，有知识。如果认真体会这一掌，有利于化除这个误解。

又有一种误解，觉得老子反对圣人，反对智慧，反对仁义。如果认真体会这一掌，也有利于化除这个误解。

还有一种误解，觉得老子反对智慧，其实是一种权术，一种权谋，是大智若愚，看起来傻不唧唧，肚子里主意老多，鬼精。如果认真读一读这一章，也有助于化解这个误解。

第一，这里肯定圣人，不是反对圣人。

第二，这里讲高等智慧，不是反对智慧。高等智慧，是知道自己无知。这和古希腊的苏格拉底类似。

第三，这里讲，圣人知道自己无知，知道自己傻，所以"大智若愚"不是权谋，不是装傻，而是虚怀若谷。知道自己即便有一点知识，也只是一孔之见，在无限大道面前，等于零。这是圣人对自己的要求。拿这一点要求老百姓，也就不是愚民政策。

♫第七十二章

民不畏威，则大威至。无狎_狭其所居，无厌_压（yā）
其所生。夫唯不厌_压，是以不厌。是以圣人自知不自见_现，
自爱不自贵。故去彼取此。

｜ 试译 ｜

群众不害怕权威，大权威就到了。不要挤兑群众的地盘，不要妨碍群众的生
计。就因为不妨碍，所以不讨嫌。所以圣人有自知之明，不自我表现；能自尊自
爱，不妄自尊大。于是放下干预政策，加强自我修为。

｜ 试注 ｜

▲大威：大权威，天威，自然的威力，民心的威力。

▲无：毋，不要。

▲狎（狭）：束缚，挤兑。

▲居：住房；事业。

▲厌：压，压制；据《校释》，将"无厌"和"夫唯不厌"的"厌"都注为"压"音。

▲生：生计；谦恭不自满所以充满生机。

▲彼：向外求的，干预政策。

▲此：向内求的，自我修为，无为而治，

| **体会** |

市场经济是中国古老传统，而且很有中国特色。这一章就是一个论据。对市场，不提倡威权主义，不提倡多加干预。总之是顺其自然，因势利导。如何导？用利益去引导，叫作利导。把小利引向大利，把浮利引向实利，把短利引向长利，把假利引向真利，最后把私利引向公利，你好我好他也好，大家都好。那怎么引呢？领导带头。领导领导，就是引导引导，自己先走，在前面带路。自己会赚钱，然后带着大家一起赚钱。

自己也不是天生会赚钱，所以也要加强自我修为，把心态调正，把生意经琢磨出来。任正非刚做生意，就吃了大亏，让人卷款跑了，两百万元啊。是不是你不仁，我就不义啊？也不是。你不仁，我任正非仍然要义，仍然走正道，当然也得注意防小人。如何防小人？不是卷小人的款跑，而是动用法制，懂得法规，让小人没空子可钻。这些都学到手了，就可以带领一批人致富。

如何带领大家致富？按劳取酬是个办法。但是按劳取酬，总有算不清的地方。究竟我有多少劳？究竟你该得多少酬？不一定十分清楚。所以总有让的空间。礼让，自谦，和气生财，发善财，不伤和气。怎么让？叫人家先让，不如自己先让。引导引导，就是自己先让。宁停三分，不抢一秒，我先让。所以任正非在公司里的股份很少的，1%多一点。这是大领导的风范，伟大公司的风范，叫作"自知不自见，自爱不自贵"，不以为自己有什么了不起。当然也不是说大家办公司，都得照任正非的办法。不是的。有些公司的头头，占股就很多。他们赚了大钱，人家也认为应该。为什么应该？因为创业不是那么容易的，不是任何一个人都能当一把手二把手的。许多人有自知之明，认为老板该得大股。这些就是说不清的地方。再说，人家赚了大钱，也可能大搞扶贫啊，大做慈善啊。所以不一定。但不管赚了多少钱，假如以为自己了不起，那就不好了，不利于发挥大家的积极性，不尊重大家，和气不足，也不符合事实，不符合市场实况。

所以说"不自见"，不自我表现，很重要。"不自贵"，也很重要。

♫第七十三章

勇于敢则杀，勇于不敢则活。此两者，或利或害。
天之所恶（wù），孰知其故？是以圣人犹难之。天之道，
不争而善胜，不言而善应，不召而自来，繟（chǎn）然
而善谋。天网恢恢，疏而不失。

┃ 试译 ┃

　　勇气用在敢争名夺利，就死于非命；勇气用在不敢争名夺利，就活得滋润。
这两种勇气，一种有利，一种有害。老天爷讨厌的事情，谁知道个中天机？所以
圣人也感到为难。天道天道，就是不用争战，就顺利取胜；不用发话，就得到
响应；不用召唤，就自动投奔；不用皱眉，就计上心来。天网其大无比，网眼稀
稀松松，但做恶的谁也漏不掉。

| 试注 |

▲敢: 拼命争名夺利。

▲杀: 死。

▲或: 或一, 有的, 某种, 一种。

▲繟: 舒缓, 坦然, 不用费心思。一本作"坦"或"默"。

▲恢恢: 宽阔广大。

▲疏: 疏松, 疏阔。

▲不失: 不漏。

| 体会 |

勇敢和胆小是同时存在的。

敢于争名夺利, 就害怕丢名丢利。敢于丢名丢利, 就害怕争名夺利。问题是敢什么, 怕什么。这是讲相对性。很多人说, 中国的儒家道家胆子小, 所以生意做不大, 应当学学西方的生意经。为什么? 因为西方人胆子大啊。冒险家的乐园, 譬如纽约啊。冒险家的乐园, 譬如民国时的上海滩, 那也是学了西方人的生意经啊。其实, 这也不尽然。东方西方, 这两种生意人, 一直都有。中国也并不都是儒家道家, 还有许多其他的家。譬如三十六计, 不管它属于哪一家, 里面很多计策都经常用来坑蒙拐骗, 杀人越货, 巧取豪夺。一旦得手, 就自鸣得意, 就觉得自己真是高手啊，手气好，财运亨通。

正人君子似乎应当鄙视这些东西，这些垃圾。但如果正人君子熟悉这些东西，也是有好处的。至少可以知己知彼啊。再说，善加利用，可能也不全是坏事，变废为宝更是生意经的大招，绝招。好比西天取经，一路上降妖杀魔。最后这些妖怪哪里去了？都做佛菩萨的坐骑去了，乖得很。所以要降服妖魔，就要懂得妖魔。不能怕，要慈悲为怀，降服他们，三十六计应该熟练掌握，运用自如，大概就"即以其魔之道，还治其魔之身"了吧？有这种可能。但是得小心，搞不好，自己就着魔了。然后遇上了孙悟空，那就麻烦了。

这样看来，害怕丢掉名利，是胆子小。害怕沾上名利，也是胆子小。大生意人，不能害怕丢掉名利，也不能害怕沾上名利。什么都不怕，这才是真的勇士。道商是胆子最大的，理当如此。他们敢做隐士，大隐于市，赚钱赚老了，但江湖上查无此人，不敢为天下先，这种人有的是道商，因为人怕出名猪怕壮啊，所以适可而止，知其可而为之。他们又敢于出名，敢于冒尖，敢做出头鸟，敢做出头的橡子，敢为天下先，大名鼎鼎，声名鹊起，赚钱赚老了，江湖上大名远扬，无人不知无人不晓，这种人也有的是道商，因为人不怕出名猪不怕壮啊，死猪不怕开水烫啊，所以知其不可而为之。道商是谁？我们不一定知道。

"大道泛兮，其可左右！"（三十四章）神龙见首不见尾。

♫第七十四章

民不畏死，奈何以死惧之？若使民常畏死，而为奇者，吾得执而杀之，孰敢？常有司杀者杀。夫代司杀者杀，是谓代大匠斲斫（zhuó）。夫代大匠斲斫者，希有不伤其手矣。

| 试译 |

要是群众不怕死，用死刑威胁他们有什么用？要是让群众老是怕死，一旦犯法，我就抓起来砍他们的头，谁又敢放心？总要让专管杀头的去杀吧。代替专管杀头的去杀，这叫作代替大师傅动刀。代替大师傅动刀的，少有不弄伤自己手的啊。

▲奇：不正的、非法的事情。

▲执：逮捕。

▲孰：谁。

▲有：由。

▲司杀者：真正操管杀人的，管理天杀天罚天谴的。

▲代：代替。

▲大匠：高明的工匠，天道，天工。

▲斲（zhuó）：斫，砍。

| 体会 |

这一章，有点像《孙子兵法》，提倡不战而胜。打仗少动武，治国少用刑，是老子一贯的精神。

道商办公司，也对这一掌情有独钟。人家不怕你罚，你罚他没用。人家怕你罚，你罚他，他心里还是不服，只是胳膊拧不过大腿，人家怕你。

照第十七章，老板有四个档次。员工怕老板，这是管理的第三档。再往下第四档，当然更加糟糕，人家也不怕你，反而戏弄你。往上走，第二档，人家喜欢你，感到亲切，心悦诚服，真心拥戴，把你当作靠山，当作救星，没有你不行，害怕失去你。所以还是不够稳定，不够完善，不够放心。

需要再往上走一步，走到第一档。公司非常成功，老板呢？被人忘记了。大家都觉得老板可有可无，自己就能打理好。这是上乘。自动化运行，天道自然。

大多笔记——可以说，这第七十四章，是把第十七章的第三档掰开来说了说。

不多建议——天网恢恢，疏而不漏。老板不要以为自己可以织个天网出来，左一个罚，右一个杀。弄得不好，会砍伤自己的手。要尊重天罚，相信天杀。天，是天地良心。公道，自在人心。

♫第七十五章

民之饥，以其上食税之多，是以饥。民之难治，以其上之有为，是以难治。民之轻死，以其上求生之厚，是以轻死。夫唯无以生为者，是贤于贵生。

| 试译 |

群众闹饥荒，是因为上头收税太多，才闹饥荒的。群众难管，是因为上头干预太多，才难管的。群众不要命，是因为上头过分贪心，才不要命的。唯有清心寡欲的，好过贪图享受的。

| 试注 |

▲食：靠着吃饭的，赖以为生的。

▲上：政府，官员。

▲食税：靠收税为生。

▲轻死：不要命，玩命。

▲"以其上求生之厚"，因为上头的太贪心，所谓"人为财死，鸟为食亡"。这一句，有的作"以其求生之厚"，少一个"上"字。

▲无以生为者：即清心寡欲者，而不是"求生之厚"、贪图享乐的人。

▲贤于：好过，优于。

▲贵生：贪生。

| **体会** |

老子不老。现代市场经济的管理方式，这里也提到了——

一是减税，一是少干预，一是政府廉洁。

老子是个小伙子，是个小子。

减税是有条件的，和加税适当配合的。比如，有利于环保，有利于可持续发展的，减税。否则加税。但是老子的主导精神，是减税。这没有错。减税加税的总体效果，符合科学发展，有利于大众根本利益，就是减税。所以减税是看总效果，总税负。也是对比苛政而言的。并不是一味减税。一味减税，到最后就没得减。

少干预也是原则，不是一味少干预。金融危机，不干预不行。市场不成熟，不干预不行。市场不公正，有人搞垄断，不干预不行。但是，干预的目的，是为了少干预，甚至不干预。这是大原则。是老子的精髓，现代的管理。

最难做到的，是第三条，政府廉洁。

要有道德自律，也要有各类监督机制。自我监督，群众监督，舆论监督，法律监督，都需要。

这是讲国家级别的道商，大道商。全球市场的竞争合作，除了企业级别的商家大量参与，也有国家级别的商家大显身手。

第七十六章

人之生也柔弱，其死也坚强。万物草木之生也柔脆，其死也枯槁。故坚强者死之徒，柔弱者生之徒。是以兵强则灭，木强则折；强大处下，柔弱处上。

| 试译 |

人活着的时候骨肉柔软，死后尸体僵硬。各类草木生长的时候根叶柔脆，死后枯槁。因此，坚强的属于死亡一类，柔弱的属于生长一类。所以军队逞强的就容易消灭，树木坚硬的容易折断。强大的躺下面，柔弱的占上风。

| 试注 |

▲也：语气助词，表示停顿。

▲柔弱：柔软。

▲坚强：僵硬。

▲徒：同一类。

▲"是以兵强则灭，木强则折"，是据《校释》改的；王弼本作"是以兵强则不胜，木强则兵"。

| 体会 |

/

为研究企业的寿命，老多做了调研，得出的结论是——

世界上各种组织，宗教组织寿命最长，动辄几千岁。其次是大学，动辄几百岁。其次是企业，一般寿命几岁几十岁。而且，长寿的多是中小企业，而不是大型企业。据说也有上千年的企业，但是影响不大，规模也小。

原因是，宗教组织经营的是信仰，大学经营的是知识，企业经营的是利益。

截止到 2009 年，我们来看看各种组织的寿命。

比如佛教，2500 多岁了。道教，如果从老子的道家算起，也是 2500 多岁。儒教，如果从孔子算起，2500 多岁。基督教，2000 多岁。伊斯兰教，1400 多岁。当然儒家算不算一个宗教，有争议。儒家似乎也没有一直师承下来的组织，这也是个问题。遍布多国的孔庙，也许算孔教的一种组织？那就多了。风行全球的孔子学院也许算？恐怕不好说。但是这一点也许更加说明问题：无需一个组织，仅靠一种信念一种文化，就代代先传了几千年，到如今，甚至有了儒商的认同，儒教是渗透到各种组织中了，商业机构也变成文化机构了，硬要把企业和宗教分开，就显得拘束了，放不开了。

再看大学——意大利的波伦亚大学 921 岁（1088 年）；英国的牛津大学 842 岁（1167 年），剑桥大学 800 岁（1209 年）；美国的哈佛大学 373 岁（1636 年），德国的海德堡大学 173 岁（1836 年），中国的北京大学 111 岁（1898 年），清华大学 98 岁（1911 年）。

最后看企业——这个不好说死，衡量的标准各异，只能供参考。《财富》杂志有个调查说，世界五百强，平均寿命 40—42 年，一般的跨国公司，平均寿命十几年，美国中小企业均寿不到 7 年。关于中国民企寿命，也有各种数据，有的说 3 年半，有的说 6 年多，有的说 7 年半。中华全国工商联合会 2005 年发布的第一部《中国民营企业发展报告》称，此前中国民企平均寿命是 2.9 年。日本企业呢，均寿 30 年，100 年中始终站稳日本百强位置的只有一家。但是据说，世界上最长寿的企业是日本大阪的寺庙建筑金刚组，公元 578 年成立，至今 1431 岁。但是这没有代表性。

初步结论：经营利益和权力的，短命；经营科学和知识的，长寿；经营信仰和文化的，永恒。

不多看了老多的这份调研手稿，说：还得仔细推敲。比如经营知识和科学的，不止大学，中小学也要算，它们大多也长寿。还有就是宗教组织，也不见得都长寿，好多宗教都寿终正寝了，剩下的是生存力强的。不过从感觉上看，毕竟没有像佛教基督教伊斯兰教这么长寿又这么有影响力的企业存在过。老多的初步结论，也不好肯定就错。

老多听了，把手稿放了好久，没有发表。

他还在研究。

♫第七十七章

　　天之道，其犹张弓与_欤！高者抑之，下者举之；有余者损之，不足者补之。天之道，损有余而补不足。人之道，则不然：损不足以奉有余。孰能有余以奉天下？唯有道者。是以圣人为而不恃，功成而不处，其不欲见_现贤。

| **试译** |

　　老天的法则，大概就像张弓射箭吧！抬高了就往下压一点，放低了就向上抬一些；拉太满就放松一点，拉不够就再加点劲儿。老天的法则，是减少有余的，补充不足的。人间的规矩就不同，是剥夺不足的去献给有余的。谁能够把有余的东西贡献给天下？唯独有道之士能够。因此圣人做了好事不求回报，成就大业不会自傲，不愿意显山露水。

/

▲其（犹）：大概（像），也许（类似）。

▲张弓：张弓射箭。

▲与：欤，乎，语气词。

▲奉：献。

▲其（不欲）：他（不愿）。

▲见（xiàn）：现，显露。

▲贤：贤德贤能。

| **体会** |

/

微生态专家杨景云教授，和别人联合研究中药多年，发现有的中药在体外实验，是既不杀菌也不灭菌，可是服用之后居然能解热消炎。探究其中的原因，得知这类中药进入人体之后，不是直接去抑制病原菌杀死病原菌，而是间接地扶植正常菌群生长，让它们充分地发挥生物拮抗作用［拮抗（jiékàng）作用：也即颉颃（xiéháng）作用，意思是对抗作用。两种或多种因子相互作用时，相互抑制，彼此抵消。在药理上，是指两种（多种）药物合用的效应，小于它们单用效应的总和］，提高定植抗力［定植抗力：机体对外来菌在某部定居的阻抗力］，最终把致病菌赶出体外。换句话说，这一类中药不是直接杀菌，而是通过调整微生态，让微生态恢复正常来治病。像一些单味药，比如枸杞、五味子、刺五加、云芝、阿胶等，复方药比如四君子汤、扶正固本丸、人参合剂等，都可以作为十分理想的微生态调节剂。它们既能扶正，补益生命元气，又能祛邪，提高免疫机能。更重要的是，这类中药大多是甘味药，比较平和，因为甘能补，能和，能缓，能解毒，会搞平衡，能"高者抑之，下者举之，有余者损之，不足者补之"。像个君王，坐在中央，宏观调控，搞平准，搞平衡，"损有余而补不足"。

♫第七十八章

天下莫柔弱于水，而攻坚强者莫之能胜，其无以易
之。弱之胜强，柔之胜刚，天下莫不知，莫能行。是以
圣人云："受国之垢，是谓社稷主；受国不祥，是为天下
王。"正言若反。

| 试译 |

天下没有比水更柔弱的，然而席卷天下，却没有比水更厉害的，这个谁都替
代不了。弱胜强、柔胜刚的道理，天下没人不知道，没人能做到。所以圣人说：
"替百姓忍受国耻的，叫作一国之主；替人民承当国难的，成为天下之王。"正话
听起来像是反话。

▲"其无以易之"：或作"以其无以异之"。

▲其：它，指"水"。

▲无：没有。

▲易：替换，代替。

▲受：承受，蒙受。

▲垢：污垢；通"诟"，屈辱，耻辱。

▲是谓：是为。

▲社稷：社是土神，稷是谷神，古时君主都祭祀社稷，后来就用社稷代表国家。

▲是为：是谓。可见名实相通。是谓，侧重名称，侧重称谓；是为，侧重作为，侧重事实。二者通用，名实相称。可见正名的重要，也可见名可名非常名。

| 体会 |

水滴石穿，揉石为沙。

柔情似水，冷若冰霜。

水，只是一个比喻。

再虚一点，就是气。

再虚一点，就是空。

再虚一点，就是万物，就是一切。

就是坚强如水，柔情似铁。

盈满如空，太虚如物。

所以，谁最能藏污纳垢，最能忍辱负重，谁就最富有，最有王者风度。普天之下莫非王土，垃圾也好财宝也好，都在王土里装着。

谁是王者，就用下面的问题来回答——

最伤心的时候，我们找谁诉苦？

苦水往谁那里倒？

谁是我们的垃圾桶？出气筒？

王者没有苦水可倒，没有怨气可出。因为他是王。王就是主人。主人怨谁去？主人怨仆人，这主人就是个仆人。所以说，奴役别人的，自己是个奴隶。所以王者不苦，王者无怨。相反，他只是一味接受苦水，承受怨气，当作宝贝，照单全收。王者是大海，别人是百川。百川泥沙俱下，最终归入大海。在大海中，一切自然沉淀下来。大海什么也不用做，安安静静，待在下面，藏污纳垢，招财进宝。

♫第七十九章

和大怨，必有余怨，安可以为善？是以圣人执左契而不责于人。有德司契，无德司彻。天道无亲，常与善人。

| 试译 |

已经怨声载道了才去调和，必定有调和不到的地方，怎么可以叫作善举？所以，圣人手里拿着债权凭据，却不向人讨债结怨。有德的就像这样处理债权的人，无德的则像专管催讨税收的人。天道从不偏爱，却始终帮助好人。

| 试注 |

▲和：调和，调解。结怨后再去调解，不如根本不结怨。早知今日，何必

当初。

▲余怨：怨恨得到调解，也总有个伤疤，叫作余怨。

▲契：古代称契约为券，用竹做成，分左右两片，左片叫左券，是索取偿还的凭证。后来说有把握叫"操左券"。

▲责：讨债。

▲有德：有德之人。

▲司：掌管。

▲彻：周朝税收制度，按十分之一抽税，叫作"彻"；一说洞察（李涵虚）；一说剥取（《校释》）。

▲亲：偏爱。

▲与：帮助，亲近。

| 体会 |

翻开《论语·颜渊》，有这样一段——

哀公问于有若曰："年饥，用不足，如之何？"有若对曰："盍彻乎？"曰："二，吾犹不足，如之何其彻也？"对曰："百姓足，君孰与不足？百姓不足，君孰与足？"（12.9）

这里的"彻"，大多看作十一税。所以这段对话，翻成白话，是这样——

鲁哀公问有若，说："饥荒之年，用品不足，怎么办呢？"有若回答说："何不按十分之一征税？"哀公说："按十分之二征税我都不够用，怎么还搞十一税？"有若答道："百姓手头够用，国君怎么会不够呢？百姓手头紧，国君怎么能不紧呢？"

再看《孟子·滕文公上》——

"夏后氏五十而贡，殷人七十而助，周人百亩而彻，其实皆什一也。"

夏代五十亩为一个单位，纳贡量为五亩，也就是全部五十亩收成的十分之一。殷代七十亩为一个单位，提供十分之一的"助"：劳役地租。在周代，百亩土地中，十亩地的收成归公，其余九十亩的收成，都归自己。都是抽税十分之一。

孔子也说过："躬自厚而薄责于人，则远怨矣。"（15.15）

大多笔记——有人说："市场经济，在商言商，老子的这些说法，未免迂腐。"但是，中国政府给一些国家免除债务，我举双手赞成。中国自己也并不富裕，但中国政府有道商胸怀。中国企业家也该有。如果这是迂腐，我大多也想迂腐一下。再说，老子也没说免除债务，只是说手里拿着借条，不讨债。拿着借条是很好的，让借款人不要忘记借东西要还。出借人呢，虽然从不逼债，但是也要想方设法，帮助借款人自力更生，还得起债，挺得起腰杆，甚至有能力借款给别人。

♫第八十章

小国寡民。使有什伯（bǎi）之器而不用，使民重死而不远徙。虽有舟舆，无所乘之；虽有甲兵，无所陈之。使人复结绳而用之。甘其食，美其服，安其居，乐其俗。邻国相望，鸡犬之声相闻，民至老死不相往来。

｜ 试译 ｜

国家要小，百姓要少。让老百姓有兵器而不用，让他们重视养生而不迁徙他乡。虽然有船舶车马，却不驱驾乘坐；纵然有铠甲兵器，却不披挂列阵。使人们回到结绳记事的时代，乐意吃土饭土菜，穿土衣土服，住土房土屋，行土风土俗。即便邻国相互望得见，对方的鸡鸣狗叫也听得见，可老百姓一辈子也不去比高低争短长。

▲使：让，使得。

▲什伯：古代兵制，十人为什，百人为伯，就用"什伯"泛指军队基层队伍。又，"什"是"十倍"的意思，"伯"是"百倍"的意思，"什伯"泛指"很大""很多"。

▲器：兵器，什物。

▲重死：珍惜生命，重视养生。

▲舟、舆：船，车。

▲无所：没有因由，没有必要；"所"是代词，代指"乘之"的原因。

▲甲、兵：铠甲，兵器。

▲陈：陈兵，列阵。

▲复：回归到。

▲结绳：文字产生以前，古人用绳子结扣来记事，相传大事打大结，小事打小结；现在某些没有文字的民族还有用结绳来记事。

▲甘其食，美其服，安其居、乐其俗：老百姓觉得本地风光好，吃得可口，穿得得体，住得舒适，风俗如意。

▲往来：攀比，高下相慕，争风吃醋，争斤论两，争雄逞强。《史记·货殖列传》说："天下熙熙，皆为利来；天下壤壤（攘攘），皆为利往。"往来就是利害往来，甚至礼尚往来，来而不往非礼也。

❘ 体会 ❘

　　小国寡民，在希望做跨国大公司的看来，有点打不起精神。还有，做生意的就是要有交易。小国寡民，还老死不相往来，相互没有交流交易，这生意就黄了。想做道商的，读到这一章，读不下去了。做道商不容易啊。连生意都不做，怎么做道商啊？企业要小，员工要少，勉强还可以，但是老死不相往来，这企业不就倒闭了吗？道商道商，这一掌是一"道"坎。如果把小国寡民进一步缩小到孤家寡人，孤零零一个人，像鲁滨逊飘落孤岛举目无亲，像洛克菲勒独步沙漠目中无人，恐怕更加害怕做道商了。"故常无欲以观其妙"（一章），这道茶的妙处慢慢品出来了。翻译一下——

　　♪企业要小，员工要少。让员工有电脑手机却不用，让他们重视在本公司养生而不跳槽。虽然有奇瑞奔驰，却从不开车搭车；纵然有保安保镖，却从不持枪执勤。让员工回到掰着指头算数的时代，乐意吃自种的有机时令蔬菜，穿自织的土布土色衣服，住自建的土夯石垒房子，过自在的乡俗乡土日子。邻家企业相互望得见，对方鸡鸣狗叫听得见，可员工到老死都不去争斤论两。

　　"甘其食，美其服，安其居，乐其俗。"都是指生活质朴，随遇而安，不挑三拣四。这句话在《黄帝内经·素问·上古天真论》里面，有个对应的说法："气从以顺，各从其欲，皆得所愿。故美其食，任其服，乐其俗，高下不相慕，其民故曰朴。是以嗜欲不能劳其目，淫邪不能惑其心，愚智贤不肖不惧于物，故合于道。

所以能年皆度百岁而动作不衰者，以其德全不危也。”

那么，小小农家乐，村野农家院，似乎是未来顶级企业的方向了？

于是，很多人即使赞成老子，也不同意这一掌了。

其实，老子也多处直接讲大国，治大国若烹小鲜啊，大国要谦下啊，等等。至于这里讲小国寡民，也许，正如老子的很多说法一样，都属于“正言若反”，正话反着说，是“非常道”，不是平常的说法。“反者道之动，弱者道之用”（四十章），“正言若反”（七十八章），小就是大，所以“常无欲，可名于小；万物归焉而不为主，可名为大。以其终不自为大，故能成其大”（三十四章）。所以，也许就是因为主张小国寡民，才把中国搞得这么大，这么长寿吧。

《庄子·胠箧》里，也有相关的描述，翻成白话就是——

所以盗跖的随从问盗跖说：“强盗也有道吗？”

盗跖说：“强盗哪里能没有道呢？料事如神，猜到密室里藏了宝贝，是圣明；身先士卒，破门而入，是勇敢；最晚撤出，毅然断后，是仗义；知道哪里可以抢劫哪里不可以抢劫，是智慧；分赃均匀，一视同仁，是仁慈。这五种道德不具备，而能成为一个大盗，天下从无先例。”

由此看来，好人不得圣人之道，不能立世；盗跖不得圣人之道，不能抢劫；天下的好人少，不好的人多，所以圣人帮助天下就少，危害天下就多。

所以说：嘴唇没有了，牙齿就发冷；鲁酒太淡了，邯郸就被围；圣人一出山，大盗就撬锁。

打翻圣人，放走盗贼，天下就安定了。河流干枯，溪谷就空了；丘陵削平，深渊就填满了；圣人死去，大盗就休息了，天下从此太平无事。圣人不死，大盗不会休息的。虽然一番好意尊重圣人，请他们治理天下，其实是大大造福盗跖。做好斗，做好斛，用来量米，那好，偷米的时候，连斗斛也一并偷走；做好秤砣，做好秤杆，用来称东西，那好，偷东西的时候，连秤砣秤杆一并偷走；做好符节，做好印玺，用来取信，那好，偷文件的时候，连符节印玺一并偷走；规定一个仁义作为标准，用来矫正行为，那好，装好人的时候，连仁义也一并偷走。何以见得呢？你瞧，人家偷一个小钩的，杀了头，偷一个国家的，却做了诸侯，诸侯门中，自然就有仁义啦，这不是把仁义圣明一并偷走了吗？所以追随大盗，僭取诸侯，偷走仁义，把制定斗斛权衡符玺等标准的好处握在手中的人，你就是用高官厚禄去激励，也不能劝动他们做好事，就是用大刀利斧去威胁，也不能禁止他们做坏事。这样子大大造福盗跖，屡禁不止，都是圣人的罪过。

所以说：鱼儿离不开水，国家的利器，不可以拿出来让人看见。

那些圣人，是天下的利器，不是拿来炫耀天下的。所以秘藏圣人，抛弃智谋，大盗才会洗手；甩掉美玉，打碎珠宝，小盗才会消停；烧掉符节，砸破印玺，百姓才会纯朴；摔碎斗斛，折断秤杆，百姓才会不争。毁掉天下的圣法，百姓才可以和你讲点心里话。不用五音六律，掰断竽箫琴瑟，堵塞师旷双耳，天下人才会展示音乐天赋；戒绝人为装饰，刮掉人工色彩，蒙住离朱双眼，天下人才会打开天眼审美；扔掉钩子绳子，丢开圆规方尺，扳断工倕手指，天下人才会自然巧夺天工。所以说："大巧匠，好像有点笨手笨脚。"杜绝曾参、史鳅的德行，夹死杨朱、墨翟的贪嘴，抛开仁义，天下人的天地良心本来就是一样。

大家都有天眼审美，天下谁也不敢白眼；大家都有音乐天才，天下就没有歌星乱吼；大家都有天理在心，天下就没人上当受骗；大家都有天地良心，天下就没人故作好人。那曾参、史鳅、杨朱、墨翟、师旷、工倕、离朱等人，都是衣冠楚楚正襟危坐地装好人，扰乱天下，按天理来说是毫无用处的。您难道还不知道至德之世吗？从前有过容成氏、大庭氏、伯皇氏、中央氏、栗陆氏、骊畜氏、轩辕氏、赫胥氏、尊卢氏、祝融氏、伏牺氏、神农氏，那个时代，老百姓结绳记事，乐意吃土饭土菜，穿土衣土服，住土房土屋，行土风土俗。即便邻国相互望得见，对方的鸡鸣狗叫也听得见，可老百姓一辈子也不去比高低争短长。那个时候，真是至善之治啊。

现在不同了。我们让老百姓伸长脖子踮起脚尖说："某某地方有贤人。"然后背着干粮就去找，抛弃了亲人，荒废了公事，脚板踔里啪啦地周游列国，拜见诸侯，车轮唧唧歪歪地跟来跟去，延伸到千里之外。都是上头喜欢智谋，惹来的祸。上头真的喜好智谋，懵懂无道，天下就大乱了。何以见得呢？你看，那弓弩、箭矢花样百出，百鸟就在天上到处乱飞；钓钩、网罗千奇百怪，鱼鳖就在水里到处乱窜；陷阱、兽笼层出不穷，百兽就在山野到处乱咬；权谋毒计、怪招诈术、坚白之论、同异之辩翻肠倒肚，世道人心就不知如何是好了。所以天下才这样乱糟糟，罪过都在于喜好智谋。所以，天下都喜欢猎奇，探求自己不知道的，却不知道反思，深究自己已经知道的；都知道发火，大骂自己还不喜欢的，却不懂得反省，检讨自己已经偏爱的，所以天下大乱。因此，对上遮挡了日月光辉，对下耗散了山川精华，中间浪费了四季风云；连小小蠕虫，细细飞蛾，都没有不丧失本性的了。真过分啊，喜好智谋，竟把天下乱成这样！从夏商周三代开始，就一直是这副德行。不搭理老实人，却亲近巧言令色之徒；不肯恬淡无为，却喜欢唠唠叨叨。唠叨来唠叨去，把个天下唠叨得一团糟！

不多集团，就是小国寡民的典型。一个不多公司，长久以来被人们称作不多集团，其实只是一个许多中小公司自然聚群生长起来的庞大群落。但是大家的理念很认同，做事配合默契，看上去比一般的集团公司更加紧凑，更加统一步调，更加有凝聚力。大家都是独立创业起家，各有自己的品牌，各有自己的独立指挥系统，相互之间互不隶属，谁也不是谁的上级。但是一旦行动起来，彼此心领神会，不用管理，就协调得天衣无缝。就像超流体一样，管理成本为零。相互之间毫无阻力，毫无摩擦力。

♫第八十一章

信言不美，美言不信。善者不辩，辩者不善。知_智者不博，博者不知_智。圣人不积，既以为（wèi）人己愈有，既以与（yǔ）人己愈多。天之道，利而不害；圣人之道，为而不争。

| 试译 |

实在话不花哨，花哨话不实在。是好事不强辩，强辩的没好事。智慧的不驳杂，驳杂的没智慧。圣人什么也不囤积——尽其所能帮助别人，自己反而更有本事；倾其所有送给别人，自己反而更加宽裕。老天的法则是给好处而不伤害，圣人的准则是做实事而不争功。

▲信：诚，实在，专一不移，可信的。

▲知者：智者，有智慧的人。

▲博：博闻强记以显示才华，却不精纯通达。

▲积：积累，积蓄。

▲既：尽，全部。据《战国策·魏策》："故《老子》曰：'圣人无积，尽以为人，己愈有；既以与人，己愈多。'"

▲以：用。

▲既以：倒装式，也就是以既，用全力（竭尽全力），用全部（倾其所有）。

▲为：帮助。

▲与：给予。

| 体会 |

/

老子辩才无碍，自破家当，破罐破摔，以自己的不善，现身说法。"善者不辩，辩者不善"，这就是在辩论了，说明自己是不善的。自是者不彰，自伐者无功，自我辩解者无理。

这还不算，自破家当还不过瘾，还自以为是，说什么给别人越多，自己越多；帮别人越多，自己越强。好多人听到这话，大笑不止，拍着手掌说：傻得可爱啊，哈哈！这不又是自我辩护了？

真是的，给别人提供的笑料越多，自己就越是傻得可爱，别人就越是乐不可支。

但是太多认为，这圣人之道，老子之术，也蕴含在技术中。技术，古人叫作方术，其中也有道术。太多到大学讲课，到企业讲课，就讲了一个著名案例。

这个案例，现在几乎众所周知了，就是 BT 之父。

BT 是"既以为人己愈有，既以与人己愈多"的，一种因特网下载技术。BT 全文写作 Bit Torrent，用它来下载，人越多，下载越多，下载速度越快。这和其他的下载软件是反的。其他的下载软件，人越多，网络就越堵，速度就越慢，最后挤破，崩溃，死机。太多讲了这个案例，大学生和企业员工，都上网试试，果真不假。从此记住了一个名字：Bram Cohen。中文译作布来恩·科恩。就是给整个世界带来恩惠，布施来恩惠，科技的恩惠。可见这个名字，在汉语中就是布施，靠科学技术来布施。翻译得不错，翻出了神髓，精髓。

太多讲得眉飞色舞——这个 BT 之父，布来恩·科恩，很搞笑的。他觉得自己痴迷程序开发，与世隔绝，有自闭症，不想他搞的技术却是最开放的。他把 Bit Torrent 放在网上，公开源代码，免费下载，一点秘密也不保留，让所有人看其中的密码。其实不该叫作密码啦，因为已经公开了，就是原始代码，软件的源代码。为什么公开呢？为了多交几个朋友，让大家方便提意见，方便改进这个软件。

听到这里，太多的听众中有人举手，太多请他站起来。

这人说道：太多老师，您讲的自闭症，我想可能是闭关自守吧。道家讲究闭关自守，是练高功夫的必然过程。越能闭关，对外就越能开放。最后能够不出户知天下，不出门平海内。

好多人听了，纷纷发言。争论了好久。

太多也不下结论，继续讲——这个布来恩是不是给世界布来恩呢？技术上，看上去是布来恩了，网民极端欢迎。可是，商务上，可就惨了，商家极其愤怒。对网民来说，BT是布来恩，可对商家来说，对版权拥有者来说，就是"不来恩"了。网民用BT疯狂下载，得罪了商家，得罪了版权拥有者。看来官司不可避免了。可是，Bram Cohen从未遭到美国电影协会起诉。为什么？Bram Cohen很精明的，他知道BT的厉害，所以自己从不乱用，从来是购买正版DVD。惹不起，咱躲得起。坚守一条戒律：只提供技术，不提供内容。拿他没辙。Bram Cohen的妻子说："Bram Cohen可能是BT使用者中，唯一不用BT下载任何影音和非授权软件的人。他不想让人家抓住把柄。他花了大量的钱去买去租正版DVD，这简直太滑稽了。"

的确滑稽——太多说——1975年出生的Bram Cohen，到2001年写出BT，好几年都过着天堂地狱的日子。一方面如日中天，如同神明，一方面是过街老鼠，人人喊打。网站一个接一个被关闭，因为他们允许网民使用BT。中国就关闭了好几百家网站。真是一场灾难。Bram Cohen啊，应该读作"布来祸"，读得快一点，把两个单词的尾音都吞掉，读成"布来祸"，还真鬼了。可见，急着做好事，就是大祸。天地不仁，不能光想着做好人。好多坏事都是好人干的。这Bram Cohen，就是一位。慢慢地，Bram Cohen学乖了，内容提供商也学乖了。他们走到了一起。这就对了，好事多磨，不要急。这位网络世界的十大人物之一，多年来一直举债度日。用BT搞了几家公司，也赚不来利润，只好关闭了。

缺乏一个有效的商务模式，一个 BT 式的商务模式。

BT 式的商务模式?!

听众中有人惊呼。

是的——太多说——技术上有了 BT，非常有效率。商务上也应该有 BT，同样非常有效率。

效率高的关键是什么呢? 听众中有人问。

对，就是这个问题——太多若有所思地说——技术其实也是一家公司，假如我们把 BT 技术看做一家公司。那么，我们来看，BT 如何运行呢? 如何运营呢? 它是自动运行的，无数网民自动开发它，改进它，利用它。用的越多，进步越快，效率越高。完全自动化。自动化，自然无为。管理的最高境界。

但是——听众问——它的管理，也不成功啊，没赚来钱啊?

是的——太多说——但也不是的。说是的，因为没有一家公司靠它赚来大钱，连 Bram Cohen 自己的公司也不例外，连他的合作伙伴华纳兄弟电影公司也不例外。这说明什么呢? 什么 BT 最初关注的只是下载技术，而不是下载技术的商务应用。但是 BT 给大家带来金钱没有呢? 带来了，而且很多很多。无数网民享受了好处，无数程序开发员提供了技术支持，锻炼了编程能力，贡献了智慧，这是他们的福报。只不过，BT 技术的应用中，损害了另一部分人的利益，所以 BT 需要一个能够融入现有商务环境的一个盈利模式。所以问题很清楚了，不是 BT 没带来好处，没带来金钱，而是 BT 还没有按照现有的商务习惯提供好处，带来金钱。

习惯? ——有位听众发问——在技术上，BT 本来就是反潮流的，和传统技术不一样。传统技术保密，BT 不保密。传统技术封闭，BT 开放。BT 商务模式，是否也是开放的？

我们来打开 BT 的核心——太多笑了笑，说——当然，BT 的核，本来是打开的，大家都可以随便看，它不保密。不过看了不一定领会，所以分析领会还是必要的。BT 的核，它的实质，是什么呢？

Golden Rule——有个听众答道。

很好——太多说——请详细描述一下。

Golden Rule——这位听众接着说——黄金规则，就是你上传的越快，你下载的越快。BT 把文件切成很多碎块。你下载的时候，BT 同时自动化地把这些碎块上传给其他人，供他们下载。别人下载的时候，也是这样，下载的同时也上传给别人。这就出现马太效应。

马太效应？谁说这是马太效应？——有个听众表示不满。

不要急。也许马太效应有不同的解释，不同的理解——讲 Golden Rule 的听众继续说——我愿意把 BT 的运用效果看作马太效应，就是你工作越卖力，效率越高；效率越高，工作就越卖力。强者越强，弱者越弱。越勤奋，就越能耐越富有。但是传统的网络传输技术，却不是这样。它只管自己下载，不往上传。只管往自己碗里盛饭，不管别人碗里有没有。BT 呢，看到大家这么野蛮，就做个示范，自己盛饭的时候，给别人也盛上。有人一看，也照着做，的确很方便。这样，大家就走出了原始森林，进入了文明社会，拥戴那位示范者为长老。

工作卖力，这个不准确——有位听众请求发言——传统技术，人们工作同样卖力，但是效率不高。

对——讲 Golden Rule 的说——工作方式不同。按 Golden 原理工作，效率高。原因是这个黄金规则，"我为人人，人人为我"，使得 BT 成为自利利人的技术。光是自利，结果大家往前挤，谁也挤不上车。光是利他，也是一样的。你也往后退，我也往后退，还是谁也上不了车。大家排队，按次序上，进门的时候随手给别人新开一门，才能上车，否则自己这扇门打不开，自己进不去。两扇门同时开启。我开一扇门进去，同时给别人打开一扇门。谁都这样上车，上车的越多，开的门越多，站点越多，上车的就越多，速度越快。这辆车越大就越有效，可以造得无穷大。

另一位听众说——其实，这个描述并不准确。BT 的上车原理，其实是把每个人分身无数，让每个人同时在无数站点等车，从无数车门进去，简直神了。人越多，进门就越神，越毫无阻拦，简直可以穿墙过壁似的。一个人分身无数，同时穿过无数道大门，简直如入无人之境。这些分身都有唯一的数码接口，进车后会自动相互寻找，自动对接，组合起来，复归原型。当然我说分身是夸大其词，分身就太神了，其实只是分支，大卸八块那样分支。分身却是分开后每一个仍然和整个身子一模一样，好比孙猴子吹一把毫毛吹出很多孙悟空。分支只能是大卸八块，这一块是头，那一块是腿。但是分支也够厉害了，只需重新组合一下就可以复原整体了。你想想，多么容易。或者不如这样说，车子就是一辆门车。所谓门车，是说这辆车纯粹由无数道门构成。乘客可以从车子的任何一个地方进去，也可以拆散自己、同时从许多地方进去。乘客碰到车身的任何一处，这个地方、也即这道车门就为自己打开了，同时这道门上面安装的"自动开门器"也会自动为别人开启多道车门。上车的越多，为别人自动开启的门就越多，后来者就越容易上车。

当然刚开始不是这样——又一位起来解释说——人越多，就越是这样。靠积累。积累是自动化的，你不用急。直钩钓鱼，姜太公钓鱼愿者上钩的，愿者太多了，自愿上钩。众人抬柴火焰高。虽然目前还遇到带宽问题，下载过多，带宽就不够，但是互联网带宽升级是很容易的，下一代互联网 IPv6 有可能在 2012 年投入商务应用，带宽问题将获得飞跃性突破，速度可能提高 1000 倍到 10000 倍。下载技术可以这样做，公司经营管理的技术，按道理，也可以这样做。

有没有现成的案例呢？——太多问。

大家想了想，有人举手。太多请他起来。

这人说——我知道一个案例，兔子王。

好，请你介绍一下——太多说。

我叫太少——这位听众自我介绍说——哈请不要介意，我并不是太多的老兄。兔子王是我的偶像，我知道兔子王成长的全部过程。兔子王，名叫任旭平，成都大邑县农村的。13 岁的时候，家里没钱供他上学，他年纪小，还不能下地干重活，就开始琢磨如何减轻家庭负担。父母亲给他一点零用钱，他就想：大邑县 40% 的农户都养兔，我也试一试吧。就用这点零用钱买了两只兔子。8 个月后，两只兔子生下了 8 只小兔。他三块钱一对，卖掉 8 只小兔子，赚了 12 块钱。这是 1980 年。他穷日子过多了，对这点点钱十分珍惜，就又买了几只母兔。现在是 2009 年，他的兔公司年销售收入已经达到几千万元，缴税几百万元。基地带动的养兔农民 30000 户，户均年收入几千元以上。他的养兔学校培训了来自全球的 30 万学徒。中国的，印度的，韩国的，尼泊尔的，都有，总计社会效益 80 多亿元。成了远近闻名的兔王。

有人唏嘘：这没什么独特之处啊，新模式在哪里？

太少：莫急，替我慢慢道来。1985 年，是任旭平人生的决定性转折。这一年，国际小母牛来中国寻找合作者。国际小母牛，英文 Heifer International，是美国的一家民间组织。它的小母牛项目，在全球推广，效果十分好。名叫小母牛，其实是为全球各国贫困农民提供各类牲畜良种。这个项目有个核心理念：受助人必须将自己获赠的牲畜生育的后代的一部分转赠他人。这种经营模式，名叫"礼物传递"。目的是让更多的受助人自给自足。任旭平接受捐赠后，超额 5 倍完成了国际小母牛规定的转赠定额，为当地贫困农户免费提供几千只兔子的培训。任旭平接受捐赠的那一年，他已经有了 200 多只母兔，但是品质都不是太好。国际小母牛给他提供了优质母兔。更重要的是，提供了一种公益经营的良性循环商务模式。任旭平受益匪浅，深受震撼，发愿帮助更多的贫困农民，终于在 1990 年成立了"旭平养兔技术学校"。近二十年来，培训世界各地的学徒 30 万人，大多数都学成回乡，发家致富，其中还出现了 100 多个百万富翁。这些人，个个都是礼物传递者，这是最重要的一点。"要致富，来养兔；要脱贫，找旭平。"这是当地流行的一句话。也有这样说的："要致富，来养兔；要脱贫，帮别人。"点出了兔子王商务模式的精髓。按照这一精神，2006 年成立的旭平扶贫中心，还开展了"巴地草运动"。巴地草是四川丘陵地区一种野草，生命力极强，生长极快，只要一点点阳光水分泥土，就可以迅速蔓延，越长越茂盛。旭平的扶贫中心提供全套的创业指导服务，比如良种提供、贷款提供、技术培训，通过礼物传递模式，让农民一个带一个，一户带一户，一村带一村，像巴地草一样蔓延，迅速传播知识、技术、富裕、幸福和奉献精神。

有人插话——兔子王的公司，很像是社会企业。

是的——太少说——旭平的公司应该是社会企业。

台下开始议论什么是社会企业。太多请太少解释一下。

太少说——在政府调节下从事商务活动的机构，我们称它为经商机构，分为非公益商务机构和公益商务机构。非公益商务机构，就是一般的企业，其商务活动主要靠大股东决策、股东投资、经营者管理，以股东赢利为目的，利润用于股东分红。公益商务机构以解决社会问题为目的，其商务活动靠经营者决策、股东投资、经营者管理，其赢利属于企业赢利，不属于股东赢利，也即利润用于公益事业的发展，不用于股东或经营者分红。公益商务机构分为非盈利机构和社会企业。非盈利机构靠接受捐款来投资公益事业，开展商务活动；社会企业靠自己经商赚钱来投资公益事业，开展商务活动。这几种商务机构，它们的商务目标、运营方式、商务模式是不同的。旭平的公司，应该属于、或者部分属于社会企业，他的商务模式受到国际小母牛的制约和引导，是社会企业中比较独特比较成功的一种良性循环可持续发展的模式。但是旭平大大突破了这个模式的底线要求。真像是《老子》第八十一章说的：既以为人己愈有，既以与人己愈多。

有人问：那么，你认为，Bram Cohen 的 BT，也可以这样经营吗？

太少：我想是的。Bram Cohen 的 BT，技术上就是小母牛式的，而且更妙。因为小母牛项目必须自己先养好牛，然后再传递礼物，为别人服务。BT 不同，BT 是只要你一点击下载，就开始自动为别人上传，为别人服务。这是一个伟大的创意。伟大不在于效益好，而在于自动化运行，不用刻意做好人，技术本身决定了运行模式，完全自动化运行，就像日月星辰自然运行一样，绝对可持续，良性循环。我浏览 Bram Cohen 的主页 http: //bramcohen.com/，经常考虑这个问题。我相信，一定有一种小母牛式的商务模式，藏在什么地方，让 BT 去发现，去打开。当然我说的是精神，不是亦步亦趋的模仿。

太多: 尤努斯，Muhammad Yunus，也值得学习。

太少: 赞成。1977 年他创办穷人的乡村银行，"格莱珉银行"，Grameen Bank，Grameen 就是乡村的意思，成功推广"无抵押小额贷款"，2006 年和他的 Grameen Bank 一起，获得诺贝尔和平奖。这位孟加拉的社会企业家，这位西方经济学博士，"颠覆"了他努力攻读多年的西方经济学，成为穷人经济学的开创者。他的做法，也很有启发意义。首要的当然是信任，无需担保和抵押，利息低于一般的商业银行，但贷款前，先要经过口试和培训，在乡村银行开设账户。这种从来没遇到过的信赖和尊重是刻骨铭心的，她们真的拿到贷款的时候，手在颤抖，眼泪夺眶而出，把按时还款看得比性命还重要，所以创业十分努力。还有关键的一条: 借款人要成立"团结小组"，6 到 8 人一组，实行公开透明的管理，每周召开一次"中心会议"，相互监督贷款发放和偿还进度。小组中如果有谁过期不能还款，整个小组都要受罚。这好像有连坐的残酷性。天地不仁。这符合尤努斯的行事风格: 从来不给乞丐一分钱。他的名言是: "与其捐款 100 万，不如成立一家社会企业。"另一句名言是: "你把他当作乞丐，他就是乞丐; 你把他看作企业家，他就是企业家。"这样，社会企业可以帮助人们创业，让他们自立自强，企业本身也可以自给自足，不需要等待捐款来做公益，公益事业就有了自我喷涌、奔腾不息的源头活水。另一个关键措施，是订立 16 条村规，让借款人携起手来，开始建立一种健康文明团结向上的生活方式。借款是低息的，甚至没有利息的，但必须还。还款之后可以借到更多的贷款。这是一种良性的正面激励，发掘人的善良天性。善有善报，所以大家都相互帮助。有人说尤努斯给穷人贷款，颠覆了马太效应，也许不错。但是你看，这里也有马太效应似的，你还款越好，今后继续贷款就越容易。即使在2008年全球金融危机中，还贷率还是高达99%，而此时华尔街的金融帝国却是哀鸿一片。尤努斯的社会实验，是否可以传到美国去呢？有人说：不可以。尤努斯说：可以。于是，他的银行也就把业务开展到美国去了。格莱珉银行在美国纽约的穷人中开始了小额贷款实验，一次贷款2200美元，多数是妇女，还贷率几乎100%。有人说，尤努斯在纽约的成功，是发展中国家向发达国家的技术转移。尤努斯说：1996年他劝说一家美国银行开展小额贷款，这家银行拒绝了，理由是穷人没有信用。但是2008年金融海啸证明，究竟谁没有信用，谁有信用。

太少：所以我们注意到，尤努斯得的是诺贝尔和平奖，不是诺贝尔经济学奖。得奖那年他66岁了。也许多年后，当西方经济学改变它的理论基础后，诺贝尔经济学奖就会再一次颁布到他的手中。那时候，和平有可能成为经济学的头等价值，加以计算了，正如人们的幸福、快乐和健康一样，正如人们的良心一样，都会进入经济学价值的核心层次，而将物质价值排在经济学价值的边缘地带去。30年中总计发放小额贷款76亿美元，770多万贫困线以下的穷人接受贷款，还款率98.99%，58%成功脱离贫困，其中90%多是女性，为此这位美男在一次世界妇女大会上获得了"荣誉妇女"的美称。他的贷款遍及孟加拉乃至全球二十多个国家，包括中国。这样的业绩，加上畅销著作《小额信贷》《穷人的银行家》，和集中批判现代资本主义的大作《创造一个没有贫穷的世界——社会企业与未来的资本主义》，应该足以让他跻身最伟大经济学家行列了。尤努斯说：西方经济学认为人是赚钱机器，他的经济学是相信人性善，以服务别人为乐。这是根本的不同。说颠覆西方经济学，应该可以。因为种子完全不同，根子完全不同，经济运行模式包括生活方式，也完全不同。但由于它并不通过政治来颠覆现存社会和政权，而是在民间自发地生长，所以它和西方经济学倡导的市场经济也毫不冲突，相安无事。尤努斯的社会企业，英文名是 Social Business。来自英国的类似称呼为 Social Entreprise。这使人们想起了 Socialist Business，或者 Socialist Entreprise，也想起了当年英国的空想社会主义者欧文。但是，尤努斯把空想变成了现实，而又无需改变社会制度。他巧妙地看到现代制度的善良面，并且善于挖掘和利用。因为按照尤努斯的信念，人性是善的。于是，在现有制度的框架内，他发现了无限的制度创新空间。而此前的 1824 年，欧文前往美国印第安纳州，去创造他的世外桃源——新和谐公社，但是失败了。

太多：我们祝愿尤努斯在纽约的初战告捷，会以连续不断的成功，不断延续下去。我们也可能因此像尤努斯那样，学会用虫子的眼光观察世界，而不是用鸟儿的眼光看世界。

太少：特别发人深省的是：美国次贷危机，也是起源于银行将贷款贷给了信用等级很低的穷人；可是尤努斯的贷款对象更是穷得吓人，她们都是贫困线以下的穷人。可结果却是：华尔街失败了，尤努斯成功了。为什么？次贷是放高利贷，尤努斯是无抵押低息贷款。这是第一个差别。你穷，你的信用就低，我就放你高利贷。这是华尔街的算盘。你还不了款，我就发催款通知，再不还，我就马上收回抵押品，拍卖掉。你没有抵押品，那房子本身就作为抵押了。这又是华尔街的算盘。乡村银行呢？贷款无抵押，而且低息贷出。贷出后，经常和你一起讨论如何还款，帮助你赚回钱来。再还不了款，就通过协商，共渡难关。关键是目的不同，华尔街的目的是利用次贷赚钱，乡村银行的目的是帮助穷人自力更生发家致富。态度决定一切。

太多：说远了，不过也没跑题。大家没有忘记 Bram Cohen 吧。有位同学递上一张纸条，我来念念——Bram Cohen，他的公司运作模式，也许还可以从《马太福音》得到灵感。《马太福音》第 7 章第 12 节（Matthew 7: 12）——So in everything, do to others what you would have them do to you, for this sums up the Law and the Prophets. 所以无论何事，你们愿意人怎样待你们，你们也要怎样待人，因为这就是律法和先知的道理。

太少：比耶稣早 500 年，孔夫子说了一句和耶稣类似的话——己所不欲勿施于人：One should not extend harm to others which one would not wish for one's self. 1993 年 8 月 28 日到 9 月 4 日，在芝加哥召开的世界伦理大会第二届会议上，为了寻求最低限度的伦理共识（least common agreement on ethics），或者底线伦理（bottom-line ethic），200 名来自世界各类宗教的学者代表与会，结果大家一致得出了孔子黄金律（Confucius Golden Rule），作为全球伦理规则（The Principles of a Global Ethic）的基石——What you do not want done to yourself, do not do to others. We must treat others as we wish others to treat us. 也就是己所不欲勿施于人。会议以此为基石，发表了《全球伦理宣言》——The Declaration of Global Ethic，来自全球各主要

信仰的 143 位宗教领袖在宣言上签字［孔汉思（德国图宾根大学，《全球伦理宣言》主要撰稿人）:《作为一种全球伦理基础的中国传统伦理》(*Traditional Chinese Ethic as a Basis for a Global Ethic*）］。

太多：更早一点，就是释迦牟尼佛，也讲了类似的话：Hurt not others in ways that you yourself would find hurtful. 不要害人害己，不要害己害人。又说，Equality and compassion, awakening and helping both self and others. And, benefiting both self and others. 平等慈悲，自觉觉他，自利利人。

太少：Bram Cohen 的座右铭是——舍得。Give and ye shall receive, 舍就是得，给予即收获。